我们一起解决问题

赢在人力资源
系列图书

OKR
实操手册

谷歌、英特尔都在用的
绩效管理工具

李彦涛◎著

人民邮电出版社
北　京

图书在版编目（CIP）数据

OKR实操手册：谷歌、英特尔都在用的绩效管理工具/
李彦涛著. — 北京：人民邮电出版社，2023.7（2024.3重印）
（赢在人力资源系列图书）
ISBN 978-7-115-61863-4

Ⅰ. ①O… Ⅱ. ①李… Ⅲ. ①企业绩效－企业管理－
手册 Ⅳ. ①F272.5-62

中国国家版本馆CIP数据核字（2023）第099174号

内 容 提 要

OKR（Objectives and Key Results）是源自英特尔公司和谷歌公司的管理方法，其中，目标（O）是指你想做什么事情，关键结果（KR）是指如何确认你做了这件事。企业可以通过OKR聚焦于目标和关键结果的设定，明确企业运营过程的关键节点，确保管理者和一线员工目标一致，提升企业的经营业绩和员工的满意度。

本书是一本OKR实操的指导书，作者根据自己在知名企业中推广、应用OKR的经验，解析了OKR的本质和实操价值，解答了企业管理者和员工在应用OKR的过程中遇到的常见问题，如OKR实操准备、OKR表单设计及利用OKR增效的关键点等。本书最后一章还从不同性质企业、不同规模企业、同一企业的不同阶段这三个层面剖析了企业推行OKR的实操差异。

本书适合企业高层管理者、部门主管以及希望通过OKR改善团队绩效、驱动个人发展的读者阅读。

◆ 著　李彦涛
　　责任编辑　刘　盈
　　责任印制　彭志环

◆ 人民邮电出版社出版发行　　北京市丰台区成寿寺路11号
　　邮编 100164　电子邮件 315@ptpress.com.cn
　　网址 https://www.ptpress.com.cn
　　北京虎彩文化传播有限公司印刷

◆ 开本：880×1230　1/32
　　印张：4.75　　　　　　　　　　2023年7月第1版
　　字数：120千字　　　　　　　2024年3月北京第4次印刷

定　价：49.00元
读者服务热线：（010）81055656　印装质量热线：（010）81055316
反盗版热线：（010）81055315
广告经营许可证：京东市监广登字20170147号

在我小时候，父亲养了一群绵羊。最开始他并不懂如何饲养绵羊，尤其是新生羊羔的照护和"红眼病"等疑难病症的处理。那时，他经常翻阅一本名叫《小尾寒羊科学饲养技术》的小册子。虽然这本小册子只有100多页，但是实操效果出奇地好。时至今日，父亲认真翻看小册子的画面依然让我印象深刻，我很感谢那本薄薄的小册子，让我家多了一份收入。

当接到撰写这本书的邀约时，我马上就想起了那本薄薄的小册子。《OKR实操手册：谷歌、英特尔都在用的绩效管理工具》的定位是一本工具书，目的是帮助读者有效地应用OKR并发挥其效能。我希望这本书就像指导父亲正确饲养绵羊的小册子一样，能给正在组织的土壤里辛勤耕耘的同行和实践者带来一些启发。

本书共分三个部分。第一部分是第一章，主要介绍了OKR的起源、本质和应用价值等，为企业管理者实施 OKR 奠定了认知基础；第二部分包括第二、三、四章，按照 OKR 的实操逻辑，从实施前的准备到表单和推动方案的设计，再到增进 OKR 效能的实操技巧等，层层递进、逐步深入，手把手带您了解 OKR 的实施全过程；第三部分是第五章，重点介绍了 OKR 在不同行业、不同企业，以及同一企业不同发展阶段的实操差异，使管理者在实践中能做到游刃有余、有的放矢。

本书力求以简洁、平实的语言增强可读性，以贯通、接地气的实操逻辑增强可操作性；同时，不做简单的案例堆砌，坚持揭示 OKR 实操的底层逻辑。笔者坚信，读懂案例不等于掌握技能，因为案例是对特殊情境下实践的总结，只有善于提炼与总结才能掌握事物运作的一般规律，这就是本书写作的底层逻辑。底层逻辑通了，实际操作时往往就会事半功倍。所以，本书试图理清的就是 OKR 实操的底层逻辑及其背后的价值观，即在实操中坚持目标导向和人本主义，使读者在面对不同场景时，都能依托底层逻辑做出正确选择，实现举一反三、触类旁通的效果。

"OKR 简单不简单？简单，简单到一页纸就可以说清所有要点；OKR 难不难？难，难到大家一起施行了两三年才发现'原来如此'。所以，要想成功操作 OKR，除了坚持到产生集体共振，没有第二条路。"为了从更多的共振现象中找到规律，笔者两易其稿，在写作过程中寻访了不少同行，了解他们的 OKR 实操方法，从中提炼落地技巧和注意事项，您在书中将会看到不少企业的实操案例。借此机会，感谢给我提出宝贵意见的同行。

　　由于作者水平有限，书中难免有疏漏之处，请各位读者不吝赐教。真诚希望本书能够惠及您的 OKR 实践！

Contents / **目　录**

第一章　　认识 OKR

第二章　　OKR 实操准备

第三章　　OKR 导入

01

第一章

认识 OKR

第一节　OKR 的起源

一、OKR 在谷歌公司的兴起

在实际应用 OKR 的过程中，企业管理者通常会反复论证 OKR 对企业等市场主体是否具有普适性。在解答这个问题之前，让我们先从 OKR 的发展脉络说起。

1998 年夏天，谷歌公司（Google）成立，公司名称来源于"Googol"（即 10 的 100 次方）一词。谷歌的创始人拉里·佩奇和谢尔盖·布林认为这个名字可以体现他们开发的搜索引擎功能非常强大。

面对微软操作系统绑定浏览器和搜索引擎的竞争优势，谷歌在成立之初就实施了免费策略。2002 年，随着美国在线（AOL）采用谷歌的搜索引擎和广告系统，谷歌搜索流量占到全球搜索流量的比例剧增至 70%。

之后，谷歌的发展速度加快，业务规模迅速扩张。2004 年，Google Earth（谷歌地球）上线，弥补了搜索引擎流量不稳定的缺点，获得了大量的忠实用户；2006 年，谷歌收购 YouTube，开始在线上视频领域发力；2007 年，推出安卓系统；2008 年，推出 Chrome 浏览器。经过不断发展，谷歌成了一家集风险投资、资本运作、无人驾驶、搜索、广告和视频等多种业务于一身的集成型公司。到了 2018 年，全球互联网广告市场规模大约是 2 700 亿美元，谷歌占据了一半的市场份额。

谷歌之所以能取得如此大的成就，OKR 在其中发挥的作用不可小觑。OKR 帮助谷歌实现了以下目标。

（1）较为有效地解决了互联网查准率问题。谷歌能够实现该目标有赖于创始人在算法方面的创造性发现。当时，用户在搜索框中输入希望搜索的内容后，会得到数百页无关的信息，这会导致用户满意度直线下降。针对这个问题，佩奇开始研究创新算法，在母校斯坦福大学自建搜索引擎和服务器验证，并经过病毒式传播赢得了用户的认可。他在解决搜索查准率问题的同时也得到了风投机构和华尔街的认可，为谷歌的发展壮大争取到了第一笔资金。

（2）找到了较为成熟的盈利模式。美国的很多互联网企业在 2000 年前后面临着严重的经营困难，估值普遍降到了高点的 10%

左右，相当于市值蒸发了 90% 左右。微软采用操作系统绑定浏览器和搜索引擎的方式赢得流量优势，这意味着谷歌如果向用户收费，将会面临流量下滑的风险；反之，如果不收费，谷歌就很难盈利。在此情况下，谷歌转向 B 端进行广告收费，而对 C 端用户实行免费的政策。这样一来，谷歌既无惧微软的冲击，也在保持市场占有率的同时实现了盈利。

（3）保持了较好的创新基因，不断向新领域发起进攻。通过前两个目标的实现过程，我们可以看出，谷歌实现第一个目标靠的是技术创新，实现第二个目标则是靠商业模式的创新。谷歌从成立的第一天起就与创新为伴，从搜索引擎到安卓系统，从个人邮箱到视频领域，从机器学习到人工智能，可以说谷歌迈出的每一步都是跨界。信息技术革命的浪潮一浪高过一浪，谷歌一直在向前跑，在诸多领域抢得了先机。谷歌始终在努力实现一系列的外部技术并购，缩短学习曲线。在硅谷，无数企业经历了"前瞻性理论——前瞻性研发——技术突破——被并购——大企业病——错过第二曲线创新——衰落"的生命周期，信息产业的特点就是更新迭代速度极快。小企业往往通过前瞻性理论和研发占据新技术的制高点，大企业常常为了避免"大企业病"和错过创新浪潮而实行并购。谷歌从2005 年开始走技术并购的路线。佩奇担任 CEO 后，将谷歌风投剥离为独立的子公司，与搜索引擎、YouTube 的地位一样，在全球范围内物色并购对象。

谷歌之所以能成功应用 OKR，得益于其拥有的活跃的创新人才和深厚的文化土壤。谷歌以网罗常青藤名校计算机专业博士闻名，为自己奠定了自下而上达成目标的人才基础。谷歌的管理方式是较为典型的硅谷企业的管理方式：在谷歌攻关搜索引擎的工程师，与在无限循环二号研发 iPhone 的工程师并无二致，他们没有严格的绩效考核指标，只有项目的远景目标；没有条条框框的束缚，只有扁平的组织和宽松的研发氛围；没有无休止的工作进度追踪，只有使命感和兴趣激发的创造潜能。有人甚至提醒当时刚上任的谷歌 CEO 施密特："谷歌现在的情况不错，千万不要过分管束它，把它搞糟了。"当然，这种管理方式也会带来一些问题，例如，2009 年以来谷歌在技术方面鲜有突破，也不可避免地患上了"大企业病"，但这并不意味着 OKR 不再被大企业推崇和应用了，具体原因我们将在后文中详细探讨。

二、OKR 受推崇的原因

OKR 在互联网行业率先得到推广应用，已成为企业管理的一种有效工具。之所以出现这种趋势，主要有以下四个方面的原因。

（1）简单易用。首先，OKR 的呈现形式较为直观。无论是经典的四象限的方式，还是变通后的表单，都可以做到一目了然。其次，OKR 的内容呈现较为简单易懂。平时无论做 KPI 还是积分制，都有一个提炼指标的过程。对非专业人士而言，这类似于增加了一个从认知、行为到翻译为结果衡量指标的过程，而 OKR 的内容呈现基本上省略了翻译环节。

（2）效果直观。一方面是目标结果的呈现方式比较直观，一般不需要计算或折算，完成与否的表现非常直观；另一方面是关键行为的完成情况易于验证。无论是群体互动式的验证形式，还是定期跟踪的结果记录，结果和效果的表现都是很直观的。

（3）理论依据和逻辑体系较为严谨。OKR 的理论源于目标管理，创始人是久负盛名的管理学大师德鲁克。OKR 的底层逻辑是，好的结果是由好的过程带来的，也就是说，好的过程带来了好的结果。OKR 不是空中楼阁，不是个例的简单叠加。底层逻辑对实操的强大支撑作用是 OKR 不断被越来越多企业接受的根本原因。

（4）顺应了信息产业革命的浪潮。互联网企业的特点就是生命周期相对较短，特别是新生企业的市场淘汰率非常高。面对瞬息万变的市场环境，企业很难建立完整的管理体系，特别是绩效管理体系和战略管理体系。在这种情况下，越是灵活的管理方式越能得到市场主体的认可，OKR 就是在这种背景下应运而生的。某种程度上讲，中国的企业面临的生存压力与创新压力和硅谷的各类高科技企业并无二致，在硅谷得到验证的直接有效的工作方式就这样在我国的高科技企业中迅速推广开来。

三、OKR 的本质及特征

那么，OKR 到底是什么呢？在相关应用实践中，OKR 至少展现出了以下几个本质特征。

首先，OKR 是目标管理理论与实践相结合的产物。管理就是依靠计划、组织、领导、控制达成目标的过程。管理有效性的主要衡量指标就是是否有效地实现目标。为了实现预期目标，衍生出了一系列目标管理的工具和方法，宏观上有多种战略管理方法（如 PEST 分析模型、波士顿矩阵等），微观上有很多目标管理战术。由于 OKR 能够有效推动目标的达成，所以它才被众多企业所接受。

其次，OKR 在绩效管理和战略管理领域展现出了工具效能。OKR 之于管理者，如同锄头之于农夫，都是一种工具。锄头的作用在于松土，OKR 的工具效能则体现在三个方面：第一，绩效管理方面，目标（O）就是绩效管理的目标，KR 更像是二级指标，主要作用是支撑一级绩效目标的达成，KR 既可以是量化结果，也可以是过程行为，类似于结果指标和过程指标，只是形式更加灵活直观；第二，战略管理方面，如果目标事关全局，那么这个举足轻重的目标就是战略目标，过程行为就是战略举措，不同层次的 KR 就是战略目标的层层分解；第三，项目管理方面，早期的 OKR 一般直接应用于项目管理。在项目计划中，列出近期、中期、远期计划，匹配必要的过程步骤，实时查验过程的完成情况和效果，这本身就是

OKR 的直接应用。

最后，OKR 体现了自下而上的进化论思想。蒸汽机的发明催生了工业革命，实现了生产力的飞跃，机器化大生产由此而生，企业这种组织形式开始兴起，自上而下的生产指令和绝对服从的科层制组织形式极大地促进了企业的高效运作。然而，随着生产的发展特别是信息化的出现，人的因素在信息革命中越来越发挥着决定性的作用，伴随硅谷兴起的还有对人的价值的尊重，个人的创新创造往往对推动技术革新和企业发展起着至关重要的作用。包含 OKR 在内的自下而上、鼓励创新创造的管理方式已经成为越来越多企业的选择。

第二节　OKR 的作用

上一节我们从源头上分析了 OKR 产生的土壤，既从宏观上分析了其备受推崇的原因，也从微观上剖析了其本质特征。那么，精通 OKR 能给我们带来哪些价值呢？本节将尝试给出答案。

一、精通 OKR 是实现高绩效的捷径

以谷歌为例，2019 年营业收入约为 1 619 亿美元，净利润为 343.3 亿美元，较上年均有所增长。自 2002 年以来，除个别年份外，谷歌的营收和净利润年增长率均在 10% 以上，最高达到了 276%。统计数据显示，采用 OKR 管理法的企业，年均营收增幅普遍高于其他企业，企业更容易做大做强。

OKR 为什么更容易带来高绩效呢？我们要从绩效产生的逻辑开始说起。

众所周知，绩效是业绩，也是结果，还是经济效益，更是最终收益。企业只有完成相应的任务，才可以计算最终的收益。也就是说，有了高绩效行为，才会有高绩效结果，高绩效行为是高绩效结果的预测性指标；相反，低绩效的行为也会导致低绩效结果。高绩效行为能够有效地表现出来，有两个前提条件：一是知道自己要做什么，需要具备相应的知识储备和正确的思维方式，二是需要具备相应的能力，例如，只有具备一定的沟通协调能力，才有可能把事情做好。总之，高绩效结果的传导路径是：

认知→能力→行为→结果

这个传导路径虽然看起来简单，但在很大程度上说明了 O 与 KR 的关系：O 是最后的结果达成，KR 既可以是分结果目标，也可以是关键行为过程，甚至是关键应知（认知）项或应会（能力）项。在时间顺序上，KR 会比 O 更早地呈现出前置行为（或认知、能力）的结果，而前置的过程表现就是预测绩效成果高低的重要依据。

与高绩效行为对应的是低绩效行为或不产生绩效的行为。这些行为既可能是个人行为，也可能是组织行为。以组织行为举例，2021 年底，字节跳动公司对不产生绩效的职能进行了调整。在公开信中，字节跳动的高管讲到"有些职能在一定阶段有意义，但未能适应公司的发展，就可能会失效，要调整；有些职能在别的公司可能有价值，但与我们公司的需求脱节，应该不要；还有一些长期产出有限、但部门管理问题多的或者员工长期有不满的职能，应该反思是不是职能本身的定位有问题，导致工作理不顺。对着职能去肥增瘦，可能才更加有效，我们要避免久而久之，一些部门和团队的工作变成'过家家'的游戏，员工很忙，部门空转，但没有创造很大的价值，不仅浪费公司资源，也浪费其他员工的时间。"最终，这些"过家家"和"空转"行为被抛弃，字节跳动撤销了人才发展中心，其专业能力培养板块被转移到了其他部门。

OKR 之所以与高绩效结果强相关，主要是因为它对以下两个方面施加了影响。

首先，目标认知直观有效。我们经历过太多的茫然时刻，做这个不对，做那个也不对，归根结底在于我们不知道对方想要什么，于是我们走了很多弯路。OKR 的实施前提就是目标明确，紧紧围绕目标采取行动。有了这个大前提，就可以避免很多不必要的重复，客观上减少了浪费。

其次，行为与结果密切关联。要想实现预期的行为结果，员工只需具备足够的能力和耐心。行为结果的达成就是 KR，管理者很容易识别出员工无法达成的原因是能力不足还是耐心不够，也就是很容易分辨"能不能"和"愿不愿"的问题，这样管理者既能及时对员工进行奖惩激励，也能保证员工得到较高程度的认可。

另外，OKR与其他绩效管理工具相比有所进化。KPI自上而下和结果衡量的特点具有一定的滞后性，积分制则时刻需要"裁判"，平衡计分卡（BSC）在中层和基层管理者上的应用具有先天局限性，而OKR具备的上下结合、目标出发、过程纠偏等特点使它站在了"绩效管理工具金字塔"的最上层。

综上所述，正是因为OKR在实现"上下同欲"方面发挥了独特的作用，才能助推企业实现高绩效。

OKR是否一定会带来高绩效呢？答案是不一定。前文在讨论OKR本质时讲到，自下而上的进化论思想蕴含于OKR中。我们可以推导出：具备自下而上性质的工作如技术研发与创新、营销、项目管理等，更契合OKR的理念与运作模式，更容易产生高绩效；相反，强调执行与服从的操作类工作就算应用了OKR也难以在短期内取得明显的绩效改善。

国内很多企业在技术研发环节较为重视技术人员的主动性和创造性，如激光行业的领军企业大族激光。大族激光的数十个事业部均采用项目制的组织方式，每个项目配备项目经理及软件、电控、机械等研发人员，研发过程由工程师主导，立项后项目经理对项目整体目标负责。在整个项目的推进过程中，一个项目组就是一个自驱型组织，带动整个企业持续发展进步。

二、精通 OKR 是实现战略目标的利器

战略管理作为企业管理的一项重要工作，对思维能力要求较高。同时，很多企业缺乏有效的战略管理工具，BSC 工具并未得到广泛的认同。随着 OKR 受到越来越多企业的推崇，它展现了对支撑战略目标达成的特殊价值。

首先，OKR 有效规避了战略目标过于笼统、无法执行的窘境。企业设定战略目标时很容易走向两个极端：一是战略目标等同于愿景描述，不具备可操作性，例如，我们听过太多"创建世界一流品牌""打造先进制造业高地""成为颇具影响力的企业"等模糊的战略描述，这类描述会让各个部门感到无所适从；二是战略目标过于细致，客观上导致约束过多和创新不足，有些企业言必称战略，战略目标细化到年度、季度，甚至细化到了月度，指标烦冗，触及每个角落。OKR 中的 Objective 可以理解为战略目标，这个战略目标既可以是宏观的目标，也可以是一个或多个重要目标，它们有一个共同的特点就是要让 KR 有效地支撑 O，这就决定了 O 既不能太虚无缥缈（类似愿景描述），又不能让非关键目标作为战略目标和里程碑反客为主，导致战略目标过多过细，最终使得战略目标名不副实。

其次，OKR 在项目管理中发挥的独特作用可以间接助力于战略目标的达成。战略目标的实现，一方面要靠常规工作的持续推

进，另一方面则要靠创新项目和重点项目的强力支撑。为了实现整体战略目标，企业往往会将整体目标细分到若干个项目组。例如，C919 大型客机包含上百万个零部件，若干科研组分别进行专项攻关，正是有了不同项目组的持续努力，才圆了中国 50 年国产大飞机之梦。

三、精通 OKR 能跑出组织发展的加速度

近年来，组织发展（Organization Development，OD）成了众多企业管理者关注的焦点。特别是随着互联网经济的蓬勃发展，一大批互联网企业搭上了经济发展的快车，在做强的同时迅速做大，企业内部的组织管理和人才管理成了亟待解决的焦点问题。在这种情况下，组织发展越来越受到管理者的重视。

在组织发展工作的推进过程中，OKR 重点在两个方面发挥价值。首先，助力组织发展项目迅速锁定问题。在个体和群体层面的探询方法选择上，通过基层调研确定组织发展的重点。其次，促使组织发展达成阶段性目标。顾问、基层管理者和高层管理者在组织发展方面实现紧密互动，顾问把控进度、基层反馈问题、高层提出期望，推动组织进化取得更好的效果，自下而上和自上而下相结合体现了 OKR 的本质。

02

第二章

OKR 实操准备

"庖丁为文惠君解牛。手之所触，肩之所倚，足之所履，膝之所踦，砉然响然，奏刀騞然，莫不中音。文惠君赞叹其技艺之妙。庖丁释刀云：平生宰牛数千头，而今宰牛时全以神运，目'未尝见全牛'，刀入牛身若'无厚入有间'而游刃有余。因此牛刀虽已用了十九年，而其锋利仍'若新发于硎'。"——《庄子·养生主》

如果把 OKR 比喻为庖丁手中锋利的尖刀，那么在用这把刀之前我们必须了解全牛的身体结构。做好 OKR 实操准备的意义就在于真正实操时能做到游刃有余。

第一节　快速掌控业务逻辑

OKR 不是目的，它只是达成目标的工具。要想用好这个工具，就要认真研究这个工具的应用对象——业务。

一、快速掌控业务逻辑的方法

从 OKR 应用的角度看，无论是业务管理者直接应用，还是第三方引导应用，都应该建立在对业务的充分了解的基础上，也就是要掌握业务的运行逻辑。这里所说的业务逻辑包含两层意思：一是端到端的业务运作流程；二是业务运作的目的，也就是如何理解其中的逻辑自洽。

从宏观角度来看，掌控业务逻辑的目的是分析企业如何盈利，从长远的角度分析企业是否具有持续盈利的基础。所以，在一定程度上可以将业务逻辑理解为盈利逻辑。简单的分析方法有杜邦分析法，复杂一些的分析方法就是产业链和价值链分析。如果想更深层次地理解盈利逻辑，还需要研究这家企业是否具有竞争优势。具体的业务逻辑分析方法如图 2-1 所示。

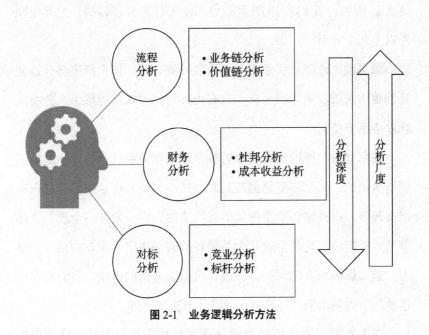

图 2-1　业务逻辑分析方法

财务分析的方法相对简单直接，但其弊端也很明显，就是重结果不重过程，关键环节和流程比较少。为了弥补这个不足，我们常常会辅以其他方法，常用的方法就是产业链和价值链分析。在进行产业链分析前，需要了解两个方面：一是产业长期盈利能力及其影响因素所决定的产业吸引力与产业结构；二是决定企业相对竞争地位的因素。产业的盈利能力取决于产业结构，不同的产业有不同的结构，夕阳产业中的多数企业可能无法盈利，而在处于风口上的产业（如新能源等）中，一般企业都能获利，未来产业（如人工智能、大数据等）的盈利空间则更大。所以，我们在做产业链分析时要注意分析目的，尤其要注意以上两个方面。

如果说产业链分析是宏观层面的外界分析，那么价值链分析就是偏重中观层面的内部分析。只有内外部的逻辑都理顺了，分析问题才会事半功倍。

简单来讲，所谓价值链分析就是发现企业在经营过程中是如何创造价值的，哪个环节是创造利润的核心部位。企业的经营过程有很多环节，有许多环节是辅助的或次要的，但一定有一个或几个环节是最关键的，这一个或几个关键环节直接决定了企业的核心竞争力，进而影响企业的利润。在进行价值链分析的时候，我们需要把这些环节甄别出来，并努力在关键环节实现突破。

产业链扩张和价值链重塑是众多成功企业脱颖而出的重要手段。不同的是，产业链扩张往往会带来重资产、盈利周期较长的问题。例如，某知名电商企业花重金打造了物流平台，前期投入成本比较高，这十分考验企业的经营能力。再如，面板产业属于典型的技术密集型和资本密集型产业，技术进步迅速，每条生产线的建设投资不菲，均以亿元计。在这种环境下，即使是实力雄厚的厂商也会采取联合投资的方式来分散风险。

相比于产业链扩张，价值链重塑更有意义。以立讯精密为例，立讯精密早期主要从事连接器代工，董事长王来春女士就是富士康的早期员工，所以其管理理念和方式都深受富士康的影响。立讯精密的工厂管理制度与目前的富士康并无太大区别，从这个层面来讲，立讯精密和富士康同为代工性质，同属国际产业分工价值链的较低端环节，议价能力受限。曾有人统计，同一款产品的价值链，处于价值链低端的上市公司市值约为处于价值链高端的上市公司市值的 5% 左右。例如，苹果公司市值突破了 10 000 亿美元，而鸿海（富士康）、和硕等公司的市值均为 600 亿美元左右，约相当于其1/20。

立讯精密近年来在价值链重塑方面付出了不懈的努力。首先，重视研发投入，虽然它是一家创业板公司，但其在技术研发方面的投入已经连续多年位列 A 股前十名，投入的金额更是以数十亿元计；其次，大力开展技术并购，这一点与思科公司有点相似，利用上市融资的方式对短期内难以研发成功的先进技术予以并购。这两点使立讯精密在技术上摆脱了"代工""价值链低端"的形象。最后，也是最重要的，立讯精密在营销端紧紧抓住了苹果公司这个超级客户，在营销、客户服务、售后服务等各方面实现了全面升级。与此同时，它还积极开发华为等国内手机厂商，迅速提升了其在价值链高端的利润和话语权。

立讯精密在实现其战略目标的道路上采取了一系列关键行动，实现了高速成长。

产业链分析是对产业环境的直观而简单的描述，价值链分析则能较为迅速地抓住重点和关键。在此背景下，我们再进行目标设定和关键行为分析，就可以事半功倍。也就是说，产业链分析和价值链分析从宏观上为我们实施 OKR 拓宽了思路，准备了必要的思考逻辑和不同的思考角度。

当然，从较为宏观的角度理解业务逻辑的方法不一而足，除了以上较为快速和有效的方法，还有以下选择。

① 偏宏观业务分析类方法，如波士顿矩阵、通用电气矩阵、PEST 模型、SWOT 分析等。

② 偏细节业务活动分析类方法，如归纳逻辑分析（金字塔原理）、演绎逻辑分析、MECE 法则、历史分析等。

我们常讲"从大处着眼，从小处着手"，意思是要关注事物的全局和整体，只有在对事物的整体机理有了较为全面的把握后，在制定具体目标、细化关键举措时才能既做正确的事，又正确地做事。

二、有效提炼行动目标的工具

只有方向正确才不会迷路。所有成功运用 OKR 的企业都会直指一个基本的命题——为什么是这样的目标，也就是为什么这个目标是正确的，为什么这个目标是可行的。要想确保目标方向正确、使命可达，那么提炼目标的过程就必须严谨科学，正所谓"好的过程才能有好的结果"。接下来，我们就重点剖析一下如何提炼有效的目标。

企业都想盈利，但盈利只是较为笼统的目标，具体到OKR的应用层面来讲，就是要确定各个目标能否支撑总目标，以保证实现目标的方向是正确的。

1. 自上而下分解目标的工具：战略地图

首先，确定总目标。总目标是在经过产业链分析、价值链分析等宏观分析和竞争优势分析之后，研判产业环境、机遇、风险现状后得出的主要努力方向。因为是在综合研判的基础上得出的，所以总目标相对会客观一些。这个总目标既可以称为战略目标，又可以当作愿景、使命的概述，本质上都是在为客户创造价值的同时实现企业自身利益最大化。

其次，按照战略地图进行目标分解。战略地图从财务、客户、内部运营、学习发展四个维度对总目标进行细化分解（如表2-1所示），具有简单直接、权威可靠的优点。

表 2-1　战略地图的目标分解

类别	财务	客户	内部运营	学习发展
战略主题目标	财务稳健成长（稳定的现金流和增值收益）	• 愉悦的客户体验 • 双赢的供应商关系	• 体系化 • 流程化 • 信息化	训练有素且士气旺盛的精英团队

当然，运用战略地图进行目标分解也有其局限性：分解宏观目标时，效果比较明显；对项目的细节目标、具体的任务目标而言，这种方法未必可以直接使用。但是，确定目标的逻辑是相通的，即从兼顾当前和长远、平衡财务和运营等多个维度思考和确定所要实现的目标。

2. 自下而上提炼目标的工具：360 度访谈及其变形

也许你不禁要问，目标不是自上而下制定的吗，怎么这里又说是"自下而上"呢？这是因为，自上而下关注的是目标是否有效的问题，而自下而上关注的是目标能不能实现的问题，也就是评估目标会不会成为空中楼阁的问题。

我们衡量一项目标能否达成，固然要看阶段性成果能否达成，更要看承接这个目标的组织和人的能力能否支撑。要想判断组织能力能否支撑，我们就要对组织能力进行检测；要想判断人的能力能否支撑，我们就要对人的胜任力进行验证。

组织能力即组织的战略、架构、流程、制度展现出来的组织效能。对于同样的组织，我们常常看到不一样的组织产出。经营项目相似的两家店，对顾客的吸引力和盈利是截然不同的，如 85℃ 和星巴克，其产品战略、组织设置、流程分工和制度支撑是不一样的，它们的产品定位和细分市场也是迥然不同的。对组织来讲，即便是同样的生产要素，不同的组织的产出和效益也是不一样的，就像同样的碳元素在不同的条件下排列组合就形成了石墨和金刚石一样。判断组织能力高低可以采用组织能力诊断工具，通用的如杨三角、六个盒子、麦肯锡 7S 诊断工具等。这些诊断工具的常用方式是"调查问卷 +360 度访谈 + 业绩考核结果验证"。

相对于组织能力，人的能力主要看胜任力。胜任力的鉴别主要依靠人才盘点或人才测评技术。人员规模较大、人员层次相对较高（非一线操作类）的企业比较适合采用人才盘点或人才测评技术，但这种方式耗时长、预算高。下面介绍一种简易的胜任力分析法。

首先，了解相关岗位的工作内容。较为有效的方式是岗位分析，也可以穿插进行岗位访谈，这样可以对岗位的工作内容和要求有较为充分的了解。

其次，归纳出关键职责，列出岗位职责清单。岗位职责清单能够较为详细地列出该岗位的任职者要完成哪些工作，以明确岗位边界。

最后，在岗位职责清单中挑出重点项目，明确岗位工作实现的预期效果，一般由哪些人负责这些事情，特别是绩优的人会做哪些事情、绩差的人会做哪些事情，识别出绩优的人的共性。这样就能看出岗位对人的能力要求和人的能力水平。

实际上，依据岗位职责和人的能力要求确定的预期目标往往具有较高的匹配性和可实现性。特别是规模不大的团队在应用 OKR 时，对组织和人的评估会较为迅速，因而无论是自下而上的目标设置还是自上而下的目标要求，都能展现出较高的适配性。

总的来说，自上而下和自下而上相结合的方式能够保证有效提炼出目标。实际上，我们确定的每一项子目标，应该都能够向上溯源，找到其支持的宏观战略目标；我们确定的每一项具体目标，应该都能够向下深挖，找到支撑其的可操作的行为标准，如图 2-2 所示。

战略目标要求　↓

子目标区间（Objectives 集中区域）

↑ 组织能力和岗位行为标准

图 2-2　以自上而下和自下而上相结合的方式提炼目标

自下而上和自上而下的结合是保证上（组织）下（个人）目标一致、行动一致的重要手段。

案例：西门子"双碳"的业务逻辑

背景分析

1.主动减碳

为实现 2030 年碳达峰、2060 年碳中和，国家要求推动工业领域绿色低碳发展；优化产业结构，加快退出落后产能，大力发展战略性新兴产业，加快传统产业绿色低碳改造；促进工业能源消费低碳化，推动化石能源清洁高效利用，提高可再生能源应用比重，加强电力需求侧管理，提升工业电气化水平；深入实施绿色制造工程，大力推行绿色设计，完善绿色制造体系，建设绿色工厂和绿色工业园区；推进工业领域数字化、智能化、绿色化融合发展，加强重点行业和领域技术改造。

2.被动减碳

如果大型企业不使用绿色能源加工生产，产品就卖不出去。

现状：2015 年到 2020 年，西门子（中国）公司为西门子全球碳足迹减少 54% 做出了突出贡献。

目标：2030 年，西门子（中国）公司率先实现碳中和。

为实现目标，业务分析如下。

1.业务价值链分析

（1）每天的机器设备在运转过程中会向大气排放二氧化碳，这是直接排放。

（2）在生产过程中会耗费能源，尤其是电力。当电力来自火电厂、化石能源（如燃煤、燃油）电厂，用耗费的电就可以折算出电厂端的碳排放。

（3）在原材料、零部件的生产制造过程中产生的碳排放。

（4）在运输配送环节，如原材料从供应商到企业的运输过程中，交通工具产生的碳排放，以及产品生产完毕，从企业到达最终用户的物流配送过程中产生的碳排放。

以西门子成都工厂为例，首先，通过改善工艺降低直接排放量。在企业的运营环节，如厂区内的职工食堂，以电能代替燃气以实现碳减排。在生产过程中，西门子致力于通过数字化产品改善产线能耗。在物流运输环节中，借助智能化技术手段及新能源减少供应链中的碳排放。此外，清洁能源的购买与使用也是企业实现碳中和的一个重要手段。在中国，西门子已经在12个办公园区和制造工厂进行了能效改造和维修，在14个园区和制造工厂建设了分布式屋顶光伏系统，在北京和上海的办公园区及31家运营企业采购、使用绿证电力。

2. 组织能力分析

作为西门子业务模式的拓展，除了传统工业自动化的硬件产品，咨询业务也成了企业新的需求。从何处入手实现碳达峰、碳中和？怎么做？路线图是什么？这都是摆在企业面前的问题。西门子的逻辑是先自我实践，然后探索碳足迹透明化、可计量等，形成能力并对外赋能输出，最后变成咨询业务并形成方案，落地实施的时候又会带动数字化产品及解决方案的业务。工业企业进军低碳市场一般有两大出发点，一是提供各类自动化设备，帮助客户提质增效、降低能耗、减少碳排放；二是利用数字化能力在低碳市场拓展新业务，帮助客户规划全面减碳。深圳景旺电子是一家印刷电路板企业，它既是西门子的客户，也是西门子的供应商，其所处行业的特点是生产流程非常长，而且会消耗大量的水、电，产生废料、废水。2017 年，景旺正在规划一个新工厂，在规划的过程中与西门子多次沟通，引入了西门子的制造执行系统（Manufacturing Execution System，MES），实现了深度数字化和精益化运营。到 2019 年新工厂逐步运行，MES 可以对环境参数、物料的消耗，设备的状态、能耗等进行实时监控，帮助企业对现场环境、订单调度等进行安排，在减少浪费的同时提升了效率。按照深圳市目前的数据统计标准，景旺新旧工厂的碳排放量差距达到了 30%。"这是一个非常重要的数据"，之前执行智能化工厂的理念时，并没有考虑到将减碳目标也纳入进来。景旺之前的废物、废料交给第三方和有资质的环保公司去处理，这导致供应链出现了断层。两年前，景旺成立追溯追踪小组去跟进废品、废料是如何处理、加工的，发现 30% 的产品又回到了生产线。在追踪的基础上，景旺与供应商合作，实现了废料的循环利用，减少了物料的浪费。[1]

---

[1] 《西门子中国碳中和白皮书》，2021 年。

第二节　全面评估应用环境

我们在开展重大工程项目时，都需要按照法律法规的要求进行环评作业，对项目实施后可能造成的环境影响进行分析、预测和评估，提出预防或者降低不良环境影响的对策和措施。同理，OKR 也需要能充分发挥价值的"土壤"。

一、企业文化适应性评估

企业文化对一家企业的影响是根深蒂固的，一旦形成就很难改变，除非发生创始人或实际控制人更迭的情况。这就说明了另外一层意思，企业文化的本质就是创始人或实际控制人的文化。

文化属于价值观的范畴，是意识层面的东西。OKR 属于工具技术范畴，是实际应用层面的东西。二者是有统一性要求的，我们不能要求一个粗暴型的管理者带领一支"狼性"团队用 OKR 实现集体智慧的碰撞和创新。

所以，我们有必要探讨什么样的企业文化更适合 OKR。概括起来，主要有以下几种典型的适配情形。

首先，在价值观层面，具有创新特质或将创新作为核心价值追求的主体。在激烈的国际竞争中，惟创新者进，惟创新者强，惟创新者胜。强调创新精神、具备创新文化特质的企业一定是有危机感的企业，这类企业文化的基因中必定是有进取成分的。有次笔者访问一家监狱企业，产品是环卫工人穿的反光背心，劳动者是部分服刑人员。这家企业的组织独立性并不强，内部文化与创新的关联性并不强，所以该企业不具备 OKR 的应用环境，只需按照生产计划按部就班地作业就可以了。

其次，在行为层面，具有较多的民主式群体行为。群体行为指代了组织中人与人之间的行为关联，相对于个体行为而言，如果一个组织中人与人之间的关联很少，如同传统的每家每户独立耕种或市场中一个个独立的个体户，就很难产生交集和共同的行动。群体领导方式有专制式、民主式和自由放任式三种，专制式群体领导方式的弊端在后文中将专门分析，自由放任式的群体领导方式缺乏共同的文化认同，也很难统一目标和行动，民主式的群体领导方式则更能激发大家的积极性和创造性。民主式的群体行为包括消除紧张、提出建议、确定方向、征求意见，当然也包括制造紧张和对立等。群体内部只要有交集，就容易产生共同的文化认同，就容易使企业与个人的目标达成一致。

什么样的文化是我们倡导的？什么样的文化是我们反对的？对于这两个问题，每家企业都有较为明确的界定。验证 OKR 面临的企业文化并不难，OKR 与企业文化并非存在天然的相斥性。如果用排除法来区分，只有一种情况除外，那就是强官僚主义的企业文化。

评估企业文化适应性的工具主要有两种，一种是量表诊断，另一种则是专家访谈。量表诊断的方式如盖洛普 Q12 敬业度量表，我将它命名为"OKR12 量表"（如表 2-2 所示），主要试测 OKR 应用的文化环境，这会涉及心理测量的一些知识，笔者检测其信度为 0.8 左右，其效度可达 0.7 左右。如果应用环境没有特殊情况，建议将其作为 OKR 文化适应性的检测工具。

表 2-2　OKR12 量表

序号	题目	现状
1	我知道公司企业文化的要求	□很不同意　□不同意　□基本同意 □同意　□非常同意
2	我认同公司的企业文化	□很不同意　□不同意　□基本同意 □同意　□非常同意
3	我能够践行公司的企业文化	□很不同意　□不同意　□基本同意 □同意　□非常同意

（续表）

序号	题目	现状
4	我的同事大多知道公司企业文化的要求	□很不同意　□不同意　□基本同意 □同意　□非常同意
5	我的同事大多认同公司的企业文化	□很不同意　□不同意　□基本同意 □同意　□非常同意
6	我的同事大多能够践行公司的企业文化	□很不同意　□不同意　□基本同意 □同意　□非常同意
7	在工作中，我常常能够很好地发挥我的特长	□很不同意　□不同意　□基本同意 □同意　□非常同意
8	在工作中，我的同事能够积极主动地分享经验	□很不同意　□不同意　□基本同意 □同意　□非常同意
9	在工作中，主管能够及时鼓励我的创新	□很不同意　□不同意　□基本同意 □同意　□非常同意
10	在工作中，主管能够放权让团队做出探索	□很不同意　□不同意　□基本同意 □同意　□非常同意
11	在工作中，我们很少能够感受到层级压制	□很不同意　□不同意　□基本同意 □同意　□非常同意
12	在生活中，我能经常感受到团队和主管的关心	□很不同意　□不同意　□基本同意 □同意　□非常同意

小贴士　组织文化评价量表

美国组织行为专家奎因（Quinn）开发的竞争性文化价值模型按照内外部导向和控制授权两个维度对企业文化指标进行了分类，最后形成了四个基本的组织文化类型，如图 2-3 所示。

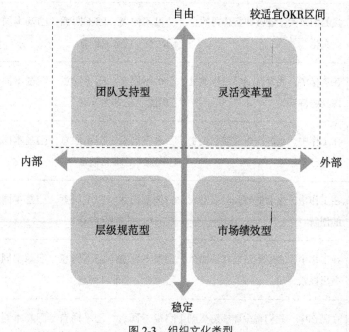

图 2-3　组织文化类型

组织文化落位区间可用表 2-3 进行自测。

表 2-3 组织文化评价量表

题目		选项
一、公司的特征	A	公司是一个充满人性化的地方，就像家庭的延伸，人们不分彼此
	B	公司具有很高的激情和创业精神，人们勇于冒险和承担责任
	C	公司的功利性很强，鼓励竞争；员工关注的重点是如何完成绩效，员工竞争意识很强并期望成功
	D	公司管理规范、十分严格；员工必须按照制度流程办事
二、公司的管理能力	A	公司的管理者通常被视为体现了导师、家长或培育者的作用
	B	公司的管理风格主要是创业、创新和勇于尝试冒险
	C	公司的管理风格主要是"没有废话"，具有进取性和高功利性
	D	公司的管理风格主要是注重严格的标准化流程和制度

（续表）

题目		选项
三、员工的管理	A	管理风格是讲究民主、少数服从多数及广泛的参与性
	B	管理风格是鼓励创新和冒险、崇尚自由和展现自我
	C	管理风格是鼓励很强的竞争性，且标准都非常严格
	D	管理风格主要是确保内部管理的可预见性、稳定性和规范性
四、公司的凝聚力	A	公司靠信念、忠诚黏合在一起，员工都具有较强的使命感和自豪感
	B	员工靠持续创新和发展结合在一起，持续的行业领先是重点
	C	成功和达成目标把员工联系在一起，不断进取和获取胜利是共同的目标
	D	公司靠规范的制度和流程将员工组织在一起工作，维持公司的正常运作是非常重要的

（续表）

题目		选项
五、战略重点	A	公司重视人才的培养、相互信任、开诚布公和员工的广泛参与
	B	公司倾向于迎接新的挑战，不断尝试新的事物和寻求机遇是员工价值的体现
	C	公司追求竞争和成功，在市场竞争中取得胜利是公司的主要战略
	D	公司希望保持持久和稳定，高效、可控和顺畅的运作是工作重点
六、成功的定义	A	公司对成功的定义是在人才培养、团队合作和对员工关怀上的成功
	B	公司对成功的定义是公司是否是产品领导者和创新者
	C	公司对成功的定义是赢得市场份额，成为市场的领导者
	D	公司视效率为成功的基础，标准化的工作和低成本是至关重要的

（续表）

题目	选项
结果计算方法：A、B、C、D 四个选项分别对应团队支持型、灵活变革型、市场绩效型和层级规范型四种倾向，可根据选项数量确定企业文化类型	

二、管理风格适配性评估

企业之间除了鲜明的文化差异，在管理风格方面也有较为明显的区别，对管理者来讲，就是管理风格的不同。不是所有的管理风格都能推动 OKR 在企业中生根发芽、开花结果。

荷兰管理学家特洛姆派那斯提出的四种管理风格理论如表 2-4 所示。

表 2-4 特洛姆派那斯的四种管理风格理论

管理风格	定义	特征	与 OKR 适配性
家庭模式	领导者就像一家之长，他最清楚应该做什么，以及哪些是有益于下属的	权力导向	较低

（续表）

管理风格	定义	特征	与 OKR 适配性
埃菲尔铁塔模式	等级结构中的每一层次都具有明确的职能，紧密控制其下一层次，以维持企业管理"大厦"的坚固和稳定	权威来自于职位	一般
导弹模式	企业管理的最高原则是不惜一切代价完成任务或达到目标	以任务和目标为导向，员工的职责不是固定的	较高
孵化器模式	围绕着如何实现个人需要的目标设置组织结构	保护和激发每名员工的创造力与积极性是该模式下企业的唯一职能	高

　　管理风格是对组织来讲的，领导风格则是对管理者个人而言的。OKR 与企业是否适配，既要看组织的管理模式，又要看组织内部的领导风格。比尔·乔治和彼得·西蒙斯将领导风格归纳为指令型、参与型、教练型、共识型、合作型与专家型这六种。具体特征如表 2-5 所示。

表 2-5　领导风格的六种类型

领导风格的类型	特征	不足之处	与 OKR 适配性
指令型	需要别人立即服从	只有发生危机时才有效	相斥，低适配
参与型	作为其中一员参与组织工作	远见性可能不足	高适配
教练型	发展人才以备将来之需	员工拒绝学习时无效	高适配
共识型	通过大家的参与而达成一致意见	形成"文山会海"	高适配
合作型	在员工之间营造和谐的氛围	会给绩效差的员工提供错误导向	高适配
专家型	树立极高的绩效标准并且自己会做榜样	让员工产生压力	一般

除了指令型的管理风格，企业推进 OKR 都是有其适配空间的，只是不同风格的管理者的执行效率不一样，专家型、教练型的管理者要比共识型、参与型的管理者效率高，对于重要不紧急的项目的效果会更好。

如果管理者需要识别自己属于哪种领导风格，较快速的方式是量表测评，如通过 MBTI 和 16PF 确定管理者的职业性格和个人特质，以此推测管理风格；较准确的方法是 360 度访谈，团队管理者的面对面访谈结果尤为重要，适当加入一些 BEI 元素融入到 360 度访谈中，结果会更加可靠。访谈内容的开发需结合不同企业的不同要求体现出差异性，表 2-6 是针对领导风格的 360 度访谈表。

表 2-6　领导风格访谈提纲

序号	题目	考察要点
1	您的年度、季度规划是什么	计划
2	工作规划的一般方法和程序是什么	
3	为了完成工作，您是如何协调资源的	组织
4	您认为自己做哪些事情是比较难的	
5	您的管理方式与同事有哪些不同	领导
6	您希望自己在下属的眼中是一个什么样的领导	
7	您理想的下属是什么样的	
8	您在推进工作的过程中常见的困难有哪些	控制
9	您是如何克服这些困难的	

　　领导风格和管理风格在不同的时期是可变的，我们一方面要认识到企业主要的管理风格，另一方面也要重点观察在 OKR 项目中体现出来的领导风格，即便是指令型的管理者在不了解的项目里也要表现出参与型的领导风格，所以要综合判断企业是否符合有效推

广应用 OKR 的软环境要求。

案例：文化、管理风格不适配导致 OKR 流于形式

A 公司是一家制造企业，主要从事汽车玻璃和胶条、胶垫等零部件的生产，企业有约 10 000 名员工，年营收超过 100 亿元。近年来，企业面临同质化竞争加剧、营收大体平稳但时有降低的风险。面对这种情况，企业在降低成本、压缩投资等方面采取了一系列举措，但效果不佳。为此，企业尝试借鉴一些制造大厂的经验，在干部和组织管理方面下功夫，组建了专门负责干部监督与发展的部门。该部门承担的主要责任有：对干部的管理责任，包括公司人力资源政策在本部门的落地实施，部门组织文化与组织氛围的建设，细化人力资源管理制度等；推动组织精进的业务责任，包括以业务为导向进行人力资源建设与管理，协助部门主管培养、考核与推荐干部等。目前，该部门共有 27 名员工，职能包括干部盘点、干部监督、后备干部培养和干部制度建设。因为是新设机构，该部门面临的问题是员工对各职能模块的工作创新不足、落地效果不佳。

为激励员工在各职能模块大胆创新，该部门引入了 OKR。具体操作如下。

1. 设计 OKR 推进模板

OKR 推进模板如表 2-7 所示。

表 2-7 OKR 推进模板

指标（i）	目标（o）	关键结果 / 过程管控（KR）	业绩 KR 权重	KR 完成时间	工作业绩评分
……					

2.导入宣贯。召开了一次绩效宣贯会，但没有回答问题。

3.进行月度 KR 效果评价，并纳入绩效等级考核。评价满分为 100 分，相应得分及等级如下：

90 ~ 100 分，优，超出预期；

80 ~ 90 分，良，完成目标且效果良好；

70 ~ 80 分，中，达成目标；

低于 70 分，差，未达成目标。

4.每季度进行一次绩效打分评比。

5.对排名后 20% 的员工进行绩效面谈（诫勉谈话）。

6.将季度得分情况作为年度绩效考核的重要参考项（权重约为 30%）

从推进过程可以很明显地看出，该部门应用 OKR 时出现了明显的偏差，没有理解 OKR 的本质，实际上是披着 OKR 的外衣做着 KPI 考核的事情。该部门推行 OKR 失败的原因有以下两个。

首先，只有 OKR 表单，而且表单内只有与 KPI 强关联的权重和结果指标，没有自下而上的过程和良性的反馈闭环，这样推进

OKR 是缺少"灵魂"的。

其次，过于重视考核结果的应用、评分和排名，这在 OKR 推进之初是大忌。员工对这个工具还没有建立系统认知的时候就产生了恐惧和抵触情绪，在这种情况下即便是再完美的设计也无法产生有益的效果。

除此之外，还有以下两个深层次原因透露出该组织在文化氛围和管理方面存在较为明显的问题。

第一，文化方面。该部门只进行了一次没有回答问题的宣贯会后便强制推行 OKR，事实上，该部门的员工多数是从生产和一些辅助部门调过来的，有较好的服从性和结果导向意识，这是积极的一面；同时，这些人习惯于接受指令，主动性不足且创新性不够。所谓的 OKR 便成了 KPI 考核的尺子，只是简单地衡量每个人的贡献，而不是激发创新的思路和提供解决问题的方法。该部门的文化基础决定了 OKR 的生存土壤比较薄弱。

第二，管理方面。执行力强的文化对应的往往是指令型的领导风格，指令型的管理带来的往往是指标层层加码。一旦应用 OKR，管理者就要迅速看到效果，这也说明管理追求短期效果，谋长远的管理举措和管理诉求比较少。

第三章

OKR 导入

　　导入是 OKR 发挥效能的关键一步，事关企业实施 OKR 的整体效果。本章重点阐述了 OKR 导入阶段的实操步骤和要点，先对比分析 OKR 导入的形式，即明确导入什么的问题；再探讨 OKR 导入的流程，即解决怎样导入的问题。

第一节　OKR 表单设计

OKR 表单是应用 OKR 的直观呈现形式，也凝聚了众多实践者的宝贵经验。归纳起来，OKR 表单主要有以下几类。

一、自下而上共识的呈现形式

在导入阶段，管理者最重要的任务就是引导员工达成共识，这个共识既包括员工对完成目标的统一行动，也包括对行动方式和行动目的的理解。达成共识的过程就是 OKR 导入的过程，此过程中的重要载体就是表单。

1. 经典呈现形式——十字象限

十字象限是 OKR 表单的经典呈现形式（如图 3-1 所示）。我们从这个经典的呈现形式开始介绍 OKR 的表单设计。

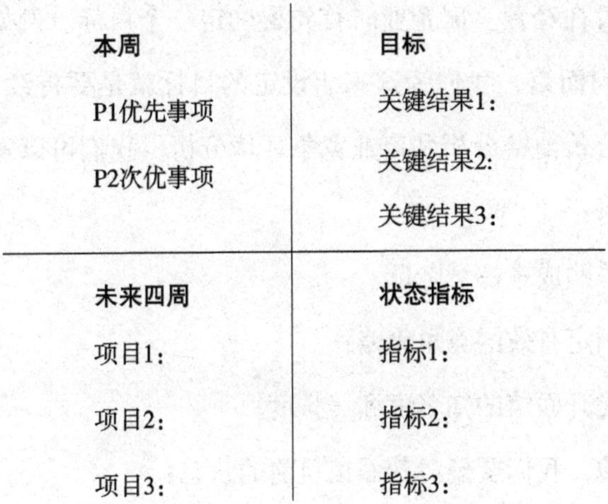

本周	目标
P1优先事项	关键结果1:
P2次优事项	关键结果2:
	关键结果3:
未来四周	状态指标
项目1:	指标1:
项目2:	指标2:
项目3:	指标3:

图 3-1　十字象限

在图 3-1 的左侧区域，我们把本周要完成的优先事项列出来；为了有备无患，我们还可以把次优事项也列出来，这两类事项构成了左上区域。只需要看一眼这个区域，我们就可以知道近期的工作重点是什么。

在图 3-1 的左下区域，我们一般会提前一个月列出未来一段时间要做的事情。这样做一方面是为了达成共识，另一方面是为了更好地理解现在要做的事情，明确现在要做的事情和未来几周要做的事情的前后关联。

图 3-1 的右侧区域对应的是结果呈现或过程状态表现。在右上区域，我们一般会把目标的关键结果呈现出来，以突出结果导向；对于过程的一些指标状态，则会在右下区域展示出来。

管理者在经营一家企业时首先要确定一个目标。例如，我们要开一家牛肉面馆，我们为这家店设定的目标就是要持续提高利润。那么，结合价值链分析和产业竞争环境分析，我们可以重点关注以下关键结果：

（1）采购成本持续降低；

（2）制定有效的竞争策略；

（3）提升面馆的知名度和美誉度。

相应地，我们要搞清楚面馆目前的状态：

（1）采购成本情况，如单价、数量、供应商规模等；

（2）竞品热度和顾客满意度；

（3）潜在顾客群体规模及引流统计。

本周，我们要做如下几件事情：

（1）P1 优先事项，即对比供应商情况，努力成为小供应商的大客户，增加自己的议价空间；联合周边办公楼，通过微信小程序等渠道进行小规模推广，验证效果；

（2）P2 次优事项，即与竞争对手谈判，判断结成价格联盟的可行性，防止恶性竞争。

未来一个月我们要做以下几件事情：

项目 1：招聘暑期工，降低用人成本；

项目 2：在就餐高峰期聘请钟点工，降低用人成本；

项目 3：开发利润较高的配菜或套餐，满足顾客对不同价位产品的差异化需求。

经典十字象限呈现模式的优点是：立体直观，容易掌握；逻辑清晰，环环相扣；兼顾当前和未来预期。

当然，这种呈现方式也存在以下一些不足：

首先，关键行为的逻辑性和全面性不能得到直观核检，即无法直接看出这些关键行为是否足够全面或足够关键；

其次，不便于开展较大规模的企业汇总整合和统计。

针对上述情况，我们有必要开发更为多样化的 OKR 呈现形式。

2. OKR 的创新形式

（1）思维导图法

思维导图的最大优势是可以对思维进行形象化展示，体现了逻辑性和全面性，这一特点可以与十字象限法形成互补。

小贴士：思维导图

思维导图是表达发散性思维的有效图形思维工具。它能把各级主题的关系用相互隶属与相关的层级图表现出来，针对主题关键词与图像、颜色等建立记忆链接。

我们在通过自上而下和自下而上的途径提炼出关键行为后，应该怎样把行为和目标对应起来，怎样使具体目标匹配关键行为，就是 OKR 表单需要取舍的。

将思维导图法引入 OKR，不仅能有效避免 P1（优先事项）和 P2（次优事项）碎片化的问题，还能站在发展的角度考虑当下应该采取的关键举措。在实践的过程中，要注意避免一种倾向，那就是 P1、P2 贪多求全、没有重点。所以，在实操过程中要注意 P1 的取舍，在做出取舍时需要与团队目标保持一致，避免因舍去过多导致目标不能起到支撑作用，偏离了应用思维导图的初衷；也不能因为举措过多，勉为其难地做了很多工作却抓不住关键点，导致贪多求全或贻误战机。

解决这一问题较为有效的方法就是充分沟通。相比于十字象限法，思维导图法展现的关键行为更多、更全面，而且更有逻辑性，在目标支撑程度和可操作性达成平衡的前提下，对目标达成的促进效果更为明显。

（2）KPI 法

在一些人的头脑中，OKR 与 KPI 是对立的，其实这是一种误解。

从本质上讲，OKR 是目标管理工具，KPI 是绩效考核与分解工具，两者都具有工具属性，只是应用领域不同。从范畴上讲，OKR 包含 KPI，因为目标与关键行为对应的是 OKR，关键行为产生的预期结果就是 KPI，而 KPI 的达成目的就是支撑目标实现，简单来讲就是关键行为→关键结果→目标。从这个角度来说，用 KPI 呈现 OKR 至少有以下两个方面的优势。

首先，能够较多地呈现量化的关键行为，或者即便有些不是量化的关键行为，也能产生较为直接的量化结果。

其次，能够较为方便地进行横向对比与统计，适合较大规模的部门或跨部门应用。

用 KPI 法呈现 OKR 可以表现为"销售部经营专项 OKR 分析表"，如表 3-1 所示。

表 3-1　销售部经营专项 OKR 分析表

一、项目基本情况							
姓名	王××	职务	项目经理	部门	运营管理中心1+1 项目部	人数	14
直接上级	刘××						
直接下级	朱××、韩××、李××、任××、王××、于×× 等						
阶段目标							

（续表）

二、现阶段指标表现状况							
指标	本月（万元）	去年同期（万元）	增减值（万元）	增长率	本年度累计（万元）	去年同期累计（万元）	累计增减值（万元）	累计同比增长率
预算费用	25.95	23.32	2.63	11%	154.69	120.46	34.23	28%
实际费用	24.31	23	1.31	6%	109.68	96.55	13.13	14%
差额	−1.64	−0.32	−1.32	413%	−45.01	−23.91	−21.1	88%
预算达成率	93.68%	98.63%	—	—	70.90%	98.63%	—	—
人均费用	1.74	1.64	0.1	6%	15.66	16.18	−0.52	−3%
三、目标								
工作成果	7 月销售目标达成率为 95.6%							

（续表）

四、关键行为				
项目	关键行为	责任人	完成时间	结果
近期行为	（1）核检店面35家，并给出整改方案和复检时间，预算降低20% （2）安徽店庆帮扶，2天预计销量30万，支撑7月份销售目标达成	朱××	7月31日	
中期行为	（1）结合公司战略要求，探索和建立"1+2"（1店＋2行商，如移动购物车或临时摊点）的运营模式 （2）建立连锁门店事业部运营管理及执行标准	刘××	10月30日	

（续表）

项目	关键行为	责任人	完成时间	结果
中期行为	（3）执行公司各项政策，根据公司制定的销售任务，分解全年销售目标			
上级主管：	负责人：		财务负责人：	

二、合理设置 OKR 指标

OKR 呈现形式确定后，接下来就需要考虑填充内容了，即 OKR 指标。OKR 指标包括状态指标和关键行为两个层面的含义。它们的设置形式分别如下。

（1）状态指标。状态指标可以参考 KPI 的设置规则，一般以量化指标的形式来表示。状态指标的数量一般以 3 ~ 5 个为宜。确定状态指标时可以从以下几个角度来思考。

首先，该目标的组成部分有哪些，即从整体与部分的关系来考虑。如果目标是提升市场占有率，那么状态指标就有可能是不同市场板块的市场占有率。

其次，达成该目标的主要过程节点和里程碑有哪些，即从业务流的角度来考虑。如果目标是提升下机良率，那么状态指标就有可能是前制程良率和后制程良率等。

再次，可以用竞争对手或第三方监控数据作为标杆对照，判断现在的状态情况是否正常。这在同质化竞争较为普遍的情况下较为常见。

总之，状态指标的设置与KPI较为趋同。

（2）关键行为。要想判断我们要做的事情是不是关键行为，主要看它能否起到支撑目标的作用。按照重要和紧急程度，工作可以分为重要紧急、重要不紧急、不重要紧急、不重要不紧急四类。需要注意的是，这里的"重要紧急"并不等同于关键行为。因为每个人对重要或紧急的划分标准是不一样的，而实现某个目标的关键行为往往是较为确定的。

那么，关键行为是否就是瓶颈环节呢？答案是否定的。一般来说，关键行为包括瓶颈环节，但瓶颈环节并不是关键行为的全部，二者是包含与被包含的关系。

我们可以按照以下几个步骤识别关键行为。

首先，识别出决定目标成败的瓶颈环节。不解决瓶颈问题，自然难以达成目标。我们常说"凡事预则立，不预则废"，这里的"预"就是指先把瓶颈环节识别出来。

其次，识别出承前启后的"里程碑"。就像参加马拉松比赛，如果没有经过 10 千米、20 千米的节点，那么跑完 42.195 千米就会变成一句空话。当然，这里的"里程碑"可以被当作一种状态，到达每一个"里程碑"的关键环节和攻坚克难的重点就是关键行为。

再次，识别出重要人物（企业管理者或客户）、重要关系、重要资源，这也是达成目标的关键举措。

在设置关键行为时，我们需要重点把握以下几个注意事项：

◇ 关键行为的数量不宜过多，控制在 10 个以内为宜；

◇ 关键行为要分轻重缓急，当期目标只有 1 个，关键行为以 3 ~ 5 个为宜；

◇ 要按照达成目标的逻辑来梳理关键行为，而不是按照条块分割的组织来"上报"关键行为；

◇ 关键行为既可以是自下而上的，也可以是自上而下的，不能为了突出 OKR 就勉强采取自下而上的行为；

◇ 关键行为既可以是具体举措，也可以是一个努力达成的阶段性结果，关键要看什么样的方式更能凝聚共识，实现组织上下步调一致。

案例：员工对人力资源工作满意度的 OKR

目标（O）：打造一流的人力资源团队，提高员工满意度。

主要结果（KR）：

招聘一名新的人力资源经理；

员工负面意见数量降低 50%；

员工对人力资源工作的满意度评分由 75 分提升至 90 分。

根据状态指标和关键行为的设置要求，在以上案例中 OKR 设置的主要问题有如下四个。

（1）状态指标不清晰。内部满意度和员工满意度这两个指标容易被混淆，没有明确满意度评分 75 分是不是一个状态指标。

（2）没有明确标识决定目标成败的关键环节，如决定员工满意度的维度主要有哪几个方面，来自问卷还是访谈，问题的清单是什么，从哪些方面着手，预期关键成果是什么。

（3）主要结果没有分清轻重缓急，招聘新的人力资源经理在三个结果中是最简单的，员工负面意见数量降低 50% 则是一个需要投入资源和精力去完成的工作。

（4）三个主要结果更像是自上而下制定的几个点状的结果，完成后能否实现"打造一流的人力资源团队，提高员工满意度"的目标还需要进一步评估。

三、OKR 投入产出效率评估

达成目标是企业应用 OKR 的最终目的，但工作能否持续下去，是否具备竞争力，主要看完成目标的性价比，即能否利用更少的资源创造更大的价值。有时，我们需要不惜一切代价去争取目标，因为那些目标是紧急且重要的；有时，我们则需要把好钢用在刀刃上，利用较少的资源起到四两拨千斤的作用。由此可见，如何评估 OKR 的投入产出效率，关键是要坚持理念先行、定性与定量相结合的原则。

评估投入产出效率时应遵循以下基本的理念和方法。

第一，树立"聪明地工作"的理念。聪明地工作就是在目标明确的前提下，找到最便捷且经济的实现路径。我们发现，完成一件事情往往不只有一种解决方法，我们往往会选择最稳妥的方法，但最稳妥的方法未必是最经济的方法。"聪明地工作"是相对于"推一推、动一动"而言的，强调发挥个人主观能动性去积极地谋划，有意识地争取。正如前文所述，落实到具体的应用环节，对待 OKR 要有正确的理念。

第二，将定量的标准放在优先位置。定量的效益评估主要应用绝对值法和相对值法两种方法。绝对值法就是用可衡量的会计项目分析资金收益和成本情况，用可衡量的岗位分析和编制分析来分析人力投入情况，以时间分析和效率分析来衡量效率情况，总之，就是要用数字来分析投入产出的效率和效果。

值得注意的是，前文所述案例中的"目标：打造一流的人力资源团队，提高员工满意度"的产出效益并不清晰，很难评估其投入产出率。

相对值法就是增加横向比较的可能性，用另一个参照物的表现来衡量这个 OKR 项目的投入产出率。微信在研发之初是由若干团队分别攻关的，最终是张小龙的广州团队获得了成功。"赛马"机制对于同目标但不同效果的对比非常有效。

依照相对值法，我们评估投入产出率的指标可以简化为如下两种形式。

① 产出数据（可量化的财务数据或不可量化的效果）和投入成本（料、工、费等财务数据）

实际对比：产出数据 / 投入成本 1 □ 产出数据 / 投入成本 2

（请在方框中依实际情况填入"<""="">"对比结果）

② 产出数据（可量化的财务数据）和投入成本（料、工、费等财务数据或不可分割量化的定性数据）

实际对比：产出数据 1/ 投入成本 □ 产出数据 2/ 投入成本

（请在方框中依实际情况填入"<""="">"对比结果）

经过对比，即可快速、便捷地分析出采用哪种方法可以实现效益最大化或者获得资源最优化的方法。

第二节　OKR 实施控制

蓝图从计划变成现实，要靠落实；OKR 的目标从表单设计到目标实现，要靠卓越的过程管理。判断 OKR 的过程管理是否卓越，主要有两个标准：信息是否通畅、沟通及时高效，形成推进—反馈的良性循环（如图 3-2 所示）；是否有一套解决异常问题的应急机制。

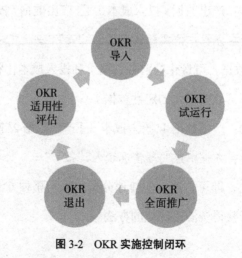

图 3-2　OKR 实施控制闭环

一、导入阶段

OKR 应用之初，员工还不太了解具体的规则。在导入阶段，管理者的主要任务就是引导参与者了解 OKR 的概念和表单的应用技巧。在这个阶段管理者要注意做好以下三个方面的工作。

（1）宣讲概念。在确定应用 OKR 实现总目标后，管理者要召开一场有意义的"新闻发布会"，主题是确定企业要实现的目标。在这个会上，管理者要让与会者知道企业的近期目标是什么，现状与目标的差距有多大，怎样做才能实现目标。在这个过程中，最重要的是要与员工展开互动，双方建立共同认知。

其实并不是所有的管理者都知道应该如何与员工互动。笔者参加过一个以宣贯会为名召开的 OKR 启动仪式，全程只有组织者在讲，既没有互动也没有答疑。这样自上而下的宣贯方式，完全偏离了 OKR 的要求，注定难以实现预期效果。

要想办好"新闻发布会"，就要在准备阶段发出"灵魂三问"。

一问目标是否合理，组织者对此是否有完整、准确的认知和理解。

二问达成目标的关键行为有哪些，需要参与者如何发挥主观能动性去完成。

三问如何做好过程管理工作，谁来记录行动举措的完成情况，谁来评估完成效果及其对目标的支撑作用。

可以说，只要理清了上述三个问题，就能够让员工对 OKR 产生初步的认知。同时，管理者在实施阶段还要做到"三注意"：注意平等沟通，不要搞成上传下达；注意留足答疑时间，要能够听到不同的声音；注意不要立即与奖金或绩效关联起来，要留出充足的试错时间。

需要说明的是，员工对奖金或绩效等与自身利益相关的指标非常敏感，OKR 的工具效能不像销售任务的指标分配一样可衡量且认可度高，它在发挥作用时需要经过"了解—应用—发挥效能"的过程，而且效果不易被衡量。如果管理者在实施 OKR 的初期就贸然将其与奖金或绩效等挂钩，既容易引起员工的抵触情绪，又容易造成"上有政策、下有对策"的后果，使更多的人开始找"捷径"，对目标执行大打折扣，背离了企业实施 OKR 的初衷。

宣讲的形式也要根据团队规模及岗位多样化的程度等来决定。一般来讲，10 人以下的团队可以采用一对一教练的宣讲形式，50 人以下的团队可以采用全员答疑的宣讲形式，100 人以上的团队就要考虑是否分层宣讲或者先试点推进再复制了。

宣讲效果怎么样，基层员工最有发言权，我们可以让参与者客观填写"OKR 导入宣讲有效性评估表"（如表 3-2 所示），检验宣讲效果。如果宣讲效果未达到预期，就必须重新来过，毕竟好的开始是成功的一半。

表 3-2 OKR 导入宣讲有效性评估表

日期： 年 月 日

评估目的	判断宣讲是否达成目标					
	找出不足					
	发现新的需求					
	客观评价 OKR 教练、组织者的工作成效					
	项目	非常不满意、不合理	不满意、不合理	基本满意、基本合理	比较满意、比较合理	非常满意、非常合理
宣讲过程评估项目	1 及时性（宣讲实施与需求在时间上是否相对应）					
	2 目标设定的合理性					
	3 内容安排的适用性					
	4 理论与案例的选用					
	5 宣讲者的临场表现（OKR 教练是否有能力做好这方面的宣讲；是否了解受训者；是否能让受训者接受宣讲内容）					

（续表）

		项目	非常不满意、不合理	不满意、不合理	基本满意、基本合理	比较满意、比较合理	非常满意、非常合理
宣讲过程评估项目	6	时间的安排					
	7	场地的选定					
	8	受训者的选择					
	9	形式的选择					
	10	现场组织与管理的状况					
宣讲结果评估项目	1	反应层次：受训者的满意程度对宣讲内容有用吗					
	2	学习层次：是否掌握了 OKR 知识、技能、理论等方面的内容					
	3	行为层次：是否知悉后续 OKR 控制闭环推进举措和行动要点					

（2）教会表单应用。我们在学习驾驶机动车时的一些动作对日

后驾驶习惯的养成至关重要，对 OKR 的掌握和应用也是同样的道理。对于 OKR 表单来说，其应用重点在表单之外，即突出 OKR 表单的简洁性和有效性。相比于 BSC 和 KPI，OKR 的表单形式更为灵活，既有经典的呈现形式，也可以根据实际情况产生很多变形；同时，OKR 表单并没有严格的填写限制，只要能让对方明白自己的行为逻辑即可。当然，强调这些并不是要让管理者做"差不多先生"，而是要有序推行 OKR，减少员工的抵触情绪。

当然，推广 OKR 表单要讲究策略，只有根据导入宣讲的效果和思想"松土"的程度灵活选择推动方法，才能达到事半功倍的效果。教练表单应用的常用方法如图 3-3 所示。

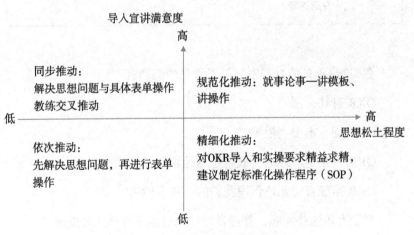

图 3-3　教练表单应用的常用方法

在推行 OKR 的过程中，管理者必须想办法解开员工思想上的

"疙瘩"。常见的思想"松土"形式如表 3-3 所示。

表 3-3　常见的思想"松土"形式

问题分类	参考形式	实施要点
共性问题	优先推荐形式：座谈会（茶话会）、专题交流会 次优推荐形式：团建（聚餐）、知识竞赛、读书会……	在实施前应进行必要的问题收集和个别访谈，以了解问题分布和舆情方向
个性问题	态度类个性问题优先推荐形式：中层管理者＋意见领袖谈心谈话 能力类个性问题优先推荐形式：意见箱（邮箱、热线、微信群）、专题答疑	态度类个性问题的解决重在抓住"关键少数"，形成"联盟"合力，以点带面

在实施 OKR 的过程中，员工常见的问题有：

OKR 有什么用？

OKR 能在本土生根吗？

OKR 只是走形式吧？最后还不是领导说了算？

OKR 是变着法儿地管理我们的一种手段吗？

对于上述这些问题，管理者可以采取以下两种应对策略。

① 小范围试点。行动的效果是最有说服力的，管理者可以先确定一个配合度比较高的主管及其团队，从试点单位开始导入，适时

向其他团队通报 OKR 的进展情况。其他团队逐渐认识到试点单位的灵活性和自主性之后，大家的积极性自然就提高了。

② 提供缓冲器。OKR 是一种工具，自然有一定的局限性，在不适用的环境中难以发挥作用，但在适合的环境中就能够发挥事半功倍的效果。但是，OKR 的推广对权威型领导风格是一个不小的挑战，这就需要管理者和员工逐渐适应，给彼此一个缓冲期。

在实施 OKR 的缓冲期，管理者和员工可以尝试利用以下几种方法适应彼此。

首先，建立及时传递信息的渠道。

其次，预判中层管理者的决策，把中层管理者作为思想"松土"的重点，这是企业能否顺利导入 OKR 的决定性因素。

最后，同一个疑问和声音不要反复出现，否则就会阻碍 OKR 的顺利导入。组织发展不会给 OKR 推行太多的试错时间。

（3）编制行动指南。之前所做的一切准备工作都是为落实到行动、产生行动效益而服务的。在导入阶段，管理者对 OKR 的实践要做好以下引导，行动指南的主要内容如表 3-4 所示。

表 3-4　行动指南的主要内容

如何确定目标	谁来确定目标	如何确定关键行动	谁来检验结果达成
如何分解目标	谁来分解目标	如何掌控进度	如何及时盘点进展

一个好的行动指南，要根据所在企业和部门的实际情况，以及团队文化素质、员工对目标管理和绩效管理的熟悉情况制定，既不能脱离实际，也不能只做表面文章。笔者曾看到一家初创型企业努力推广 OKR 时，OKR 操作手册厚得像一本书，全体员工学习了两天，但在实操时还是遇到了层层阻碍。究其原因，就是一些操作指引直接照抄所谓的"行业最佳实践"，脱离公司实际，结果很难融入实战。

二、试运行阶段

试运行阶段的最大特点就是 OKR 推行不与员工或管理者的绩效、奖金等挂钩，它既是一个"认识—实践—加深认识"的过程，也是一个"检验—试错—纠正"的阶段。这个阶段很有必要，它一方面可以避免直接推行 OKR 而引起部分人的抵触情绪，另一方面可以避免因为各方面的不成熟造成不公平、不合理现象的出现，从而导致 OKR 推行的虎头蛇尾。

试运行阶段一般持续 1 ~ 3 个月，若时间太短，会达不到试运行的目的；若时间太久，则容易让人感到倦怠。总体来看，试运行阶段的时间以不短于 1 个目标复盘的考核周期、不长于 3 个目标复盘的考核周期为宜。

在试运行阶段，管理者需要做好以下几个方面的工作。

（1）确定试运行的范围，是部分试点单位运作还是全部单位试运行，其优劣势和适用情形如表 3-5 所示。

表 3-5　不同试运行范围的优劣势和适用情形

试运行范围	优势	不足	适用情形
部分试点单位运行	（1）一旦发现运行中存在问题，易于控制 （2）易产生示范效应	（1）在全部单位推进时需传递试点单位经验 （2）整体推进效率不高	适用于单位规模较大、部门设置较多、业务及职能差异较大的情况
全部单位试运行	步调一致、整体效率较高	（1）如发现问题，需做到快速反应、整体解决 （2）不确定风险高	适用于规模较小、业务单一或同质化严重的情况

（2）明确各方在试运行阶段的权责。OKR 试运行阶段主要事关管理者、员工和教练三方。在试运行阶段，管理者要扮演好精神激励者、授权者的角色，即管理者要从目标管理的角度支持下属转变工作方式，在推进 OKR 的过程中与教练保持步调一致、支持力度同频。同时，管理者还要将部分权力下放（主要是非紧急常规工作、创新事项和不确定性事项等），在这个阶段不要进行过多的考核限制，应鼓励员工先行先试。

在这个阶段，员工已经对 OKR 有了初步的认知，主要任务就是掌握实操技巧。这个阶段中教练的角色很关键，其指导的规范性直接决定了员工在实际工作中应用 OKR 的规范性。教练一般由行业咨询师、人力资源从业者或企划部员工担任。

在试运行阶段，教练和员工应当是这样紧密协作的。

初期，做给员工看。在这个阶段，员工需要管理者"推一推"，让教练带着"动一动"。毕竟，打破原有秩序后，管理者和员工都需要一个接受的过程。

中期，带着员工练。教练要与员工讨论确定目标的方式、方法是否正确，表单填写是否规范，教练需要带着员工反复练习以便形成"肌肉记忆"。

后期，看着员工干。完成 OKR 从导入到落地的一系列动作后，教练就要考虑退出，做隐形人，将"主场"交给员工和管理者。

在试运行阶段要把握好推进的三个关键点。

关键点 1：制定目标的会议怎么开？

方式一般包括无领导小组讨论，主题可设置为：某目标应如何达成？"OKR 目标制定表"如表 3-6 所示。

在实操过程中，有如下几个注意事项。

（1）无须主管在场，选出一人或轮流记录讨论要点。

（2）围绕目标群策群力。不能将制定目标的会开成"抱怨会"，应将建设性意见和解决问题的实际方法作为主要的讨论内容。

（3）与会者要充分讨论、集思广益，将不发言的人请出会场，由其负责执行工作。

表 3-6　OKR 目标制定表

日期：　年　月　日

讨论要点记录			OKR 提炼		保留意见备案	
顺序	发言人	发言要点	提炼：目标	提炼：关键举措	相左意见归类	讨论结果（是否采纳、如何答复）
1						
2						
3						
4						
5						
6						
7						

当然，讨论的形式可以是多种多样的，谷歌的周五餐会也是一种讨论形式，现在一些互联网企业会采用十分灵活、轻松的讨论形

式（一般需申请少量经费）。万变不离其宗，让更多的人积极参与、充分讨论并达成一致目标才是最终目的。

关键点 2：检核关键行为能否支撑目标，是否完善？

这里要明确两点：检核的主体是员工，员工对自己的关键行为及其时间节点负责，主管可以提出意见，但不能过度干涉；另外，要检核关键行为的完善性。前文建议应用价值链和思维导图来保证关键行为切中要害，但这并不意味着关键行为要面面俱到并且同时发力。我们检核关键行为能否支撑目标的目的是放而不是收，也就是集中有限的精力和资源去锁定 1 ~ 2 个关键行为，做到稳扎稳打、步步为营。

怎样锁定 1 ~ 2 个关键行为呢？第一种方法是先易后难，从关键行为中找出比较易于实现的。这样做能有效增强团队信心，为后续实施关键行为打下基础；第二种方法是按照时间顺序完成基础性的关键行为，这类工作不容易在短期内看到效果，就像建房子打地基一样，只有时间长了才能发现地基打得好对房屋质量和使用寿命的重要作用。所以，笔者的建议是，如果没有先后顺序的要求，就先从容易完成的事情入手；如果有先后顺序的要求，就只能一步一个脚印地往前走。管理者在此过程中要注意激发团队成员的士气，尤其是在初期阶段。

总体来说，管理者可以参考表 3-7 来检核关键行为能否支撑目标。

表 3-7 关键举措支撑程度检查表

检查主体	员工、主管（管理者）	
检查内容	理论支撑性（是否全面）	
	A+ 级	关键举措及非关键举措能够全面支撑目标达成
	A 级	关键举措基本能够支撑目标达成
	B 级	缺乏支撑目标达成的关键举措
	C 级	关键举措及非关键举措均不支撑目标达成
	D 级	无法判定
	操作可行性（先后顺序）	
	A+ 级	现有资源可以满足按时间先后步步推进
	A 级	现有资源可以满足重点推进或先易后难突破
	B 级	现有资源不能满足瓶颈环节推动
	C 级	现有资源无法满足切入实操
	D 级	无法识别现有资源
检查标准	如员工或主管对理论支撑性、操作可行性评价处于 B 级及以下区间，则需重新完善关键举措	

关键点 3：如何保证过程反馈及时有效？

一般情况下，只要满足以下条件之一，就应要求团队实时反馈关键行为进展情况：

（1）在关键行为的关键节点或里程碑节点；

（2）出现难题时；

（3）面临抉择时；

（4）需要其他团队协同时；

（5）到了规定的反馈时间。

以下两种反馈形式可供参考。

（1）正式的沟通。在满足反馈条件时，应召集相关团队开会，通报目标达成状态及关键行为举措的进展情况，大家分享对此的看法。会议主要分为三个部分，即情况通报、协同事项、问题讨论。在情况通报环节，不能只讲成绩不说问题、只报流水账不突出重点、只报进展不分享经验教训，否则很容易使与会者抓不住要点，不能了解总体进展情况；在协同事项环节，要明确不同团队的具体协同事项及其负责人，不能将责任往外推；在问题讨论环节，要保持轻松的氛围，会议主持人要倡导大家知无不言、言无不尽，达到统一思想、统一认识的目的。

反馈环节的难点在于协同事项的必要性和行动步调的一致性，重点在于有效沟通且达成一致，"OKR 过程反馈表"如表 3-8 所示。

表 3-8　OKR 过程反馈表

序号	进度反馈				问题讨论			协同事项	
	目标	目标完成度（定量）	目标达成进度（定性）	KR进度情况	是否存在异常	异常原因分析	优化改进建议	分工协作建议	完成时间建议

（2）非正式沟通。相比于正式沟通，非正式沟通越来越得到更多人的喜爱。非正式沟通的形式很灵活，既可以在办公室里进行，也可以在餐厅、路上进行；既可以是轻松的沟通，也可以是激烈的讨论。它的时效性和针对性都很强。可以说，非正式沟通对OKR 有天然的助推作用，许多公司都鼓励员工、团队进行非正式的即时反馈。当然，非正式沟通也有不足之处，就是不适用于五个人及以上的交流。如果是人数较多的非正式沟通，则需要提前做好准

备、安排议题等，这样其实就是正式沟通的变通形式了。所以，管理者要根据实际需求选择适合的沟通反馈形式，以利于目标的及时纠偏和有效达成。

三、全面推广阶段

如果说试运行阶段是 OKR 与团队的"磨合期"或"恋爱期"，那么全面推广阶段就算步入了"婚姻的殿堂"，OKR 不再是"犹抱琵琶半遮面"，而要展现出更多的"本我"。

全面推广阶段的实施步骤如图 3-4 所示。

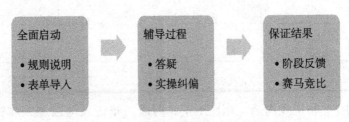

图 3-4　全面推广阶段的实施步骤

具体来讲，全面推广阶段与试运行阶段相比有两个明显的变化：一是 OKR 目标管理的地位已经确立，正式成了目标管理、绩效管理的一员，可以发挥其工具效能了；二是结果的应用直接与团队的效益挂钩，产生刚性约束了。

在实操上要重点做好以下几点。

（1）正确处理OKR与其他目标管理、绩效管理工具的关系。不同的企业对OKR的定位不一样，有的企业期望它能促进业绩增长，即发挥目标管理的作用；有的企业希望它能调动员工的积极性，实现集思广益、群策群力，即发挥其自下而上的灵活性；有的企业希望它能识别出支撑目标达成的关键行动，并能持续跟进关键行动，以达到预期效果，即发挥绩效管理工具的作用；还有的企业希望通过它能够对标国内外知名企业，即发挥对标管理的作用。

（2）不要本末倒置、过度关注细节。因为OKR与目标达成结果关联、与绩效成果挂钩，所以无论是应用者还是管理者，都十分重视OKR推行的规范性。这确实是有必要的，但在实际操作过程中，往往会出现过度关注细节，让基层员工不胜其烦的情况。在企业产品和服务上注重细节，能够提升客户满意度和经济效益，而在内部流转的过程文件甚至是一些总结报告上过于注重美观和整齐划一，就会浪费大量的人力和物力。华为公司一直反对"胶片文化"，就是反对将过多的精力放在制作PPT上。以OKR过程表单为例，早期美国本土企业应用OKR时并没有所谓的OKR表单，直接在邮件上说明O和相应的几个KR即可。在实操中，我们要提倡简约风格，简单有效是最好的状态，切不可舍本逐末、追求所谓的"精益求精"。

（3）过程可以替代结果，结果可以转化为过程。在列出KR时，有些KR是直接的结果，有些就是可预期的行动，不必刻意全部做成直接的结果。例如，为了改善客户满意度，列出几条具体的改善行动，这就是可预期的行动，无须"精确地估算"行动可以让客户满意度提升几个百分点。"方向大致正确、组织充满活力"就是OKR 追求的实战状态。

（4）推广 OKR 的目的不是为了扣分、扣奖金。如果没有准确全面地理解 OKR 本质，管理者就很容易像使用某些考核工具一样，思考如何让 KR 与绩效扣分、扣钱挂钩。KR 呈现的行动并不全是量化的结果，而将行动作为扣分依据往往会面临取证难的局面。

（5）与激励挂钩。与激励挂钩的基本要领是周期宁长毋短、方式宁多毋少。这一方面是因为周期过短会看不到效果，另一方面是短时间内看到的行动效果往往是有正常的反馈机制的，是可以通过管理手段而非激励手段来实现的。设定激励周期的标准有两个：一个是在项目或工作的里程碑节点介入，另一个就是在项目或工作的1/4、1/2、3/4 这三个时间点介入。奖金激励的方式既有好处，也有弊端：一是激励效应持续时间较短；二是容易引发短视行为。在实操中，我们往往会设置赛马机制，对员工特别是技术、营销等岗位任职者或项目制员工非常有效。

四、退出阶段

任何事物都有自己的生命周期，OKR 也不例外。我们有必要从

OKR 的运行过程中感知其发挥的作用是否正在消退。

判断 OKR 的作用有没有得到正常发挥可以通过以下几个方面进行评估。

首先，看其是否处在全面推广阶段。如果还处于前期的宣讲、导入等阶段，说明 OKR 还没有开始发挥作用。

其次，看关键行动的来源。关键行动来源于价值链或逻辑树等的方法分解，这个分解的主体是源于自下而上的讨论，还是源于自上而下的命令，其背后的逻辑是不一样的。自上而下的行为，说明上级对组织的要求是具体、明确的，组织结构对应的是直线制或直线职能制，考核方式更多采用 KPI 或积分制，目的是快速执行；自下而上的行为，则很可能是高层管理者没有明确的、具体的行动方案，需要中层管理者和员工发挥主观能动性，组织结构往往是矩阵式或网状组织，考核方式多采用目标管理或成果申报等方式。

再次，看工作内容是开拓性质的还是常态化的。新项目或开拓性的工作应用 OKR 的效果往往更明显；例行的、常态化的工作应用 OKR 未必是最有效的方式。例如，在开拓新的市场时，面对陌生的领域，要先明确锁定客户群体、选择渠道等几个关键步骤；当市场比较稳定后，只考核营收、市场占有率等几个指标就行了。

最后，看管理层的态度。如果企业管理者对某一个领域的态度已经发生了转变，就不适宜继续推进 OKR 了。

案例：争吵不休的某车企

背景：W 公司是一家从事发动机零配件生产和销售的企业，自 2000 年成立以来，历经多次转型，从生产汽车低值零配件逐渐转向生产关键零部件。2009 年，W 公司与某知名发动机制造企业合资成立了特种车发动机工厂，年销售额连续实现 30% 以上的增长，发展势头喜人。2017 年以来，W 公司在市场开拓方面实现了很大的突破，一是搭建了电商平台，实现了营销渠道从 To B 到 To C 的拓展；二是搭建了商用件平台，实现了从乘用车产品到商用车产品的过渡，在大件耐用零配件的研发和销售方面实现了突破；三是搭建了工业互联网平台，期望通过数据传感互联提升效率并节约成本。这三个平台采用事业部的运行模式，独立经营、充分授权。三个平台事业部成立后，公司非常重视，从外部引进了很多优秀人才。W 公司的组织结构如图 3-5 所示。

目前的发展现状是：电商平台的起步相对较早，业务模式比较成熟，市场人员可得性比较强，所以人才引进的效果相对较好，人才综合素质较高，员工对电商平台的推广有较为深刻的理解和认知，在较短的时间内就打开了局面。站稳脚跟后，电商平台迅速实现扩张，建立了电商销售部、运营部、供应链管理部和人事行政部，每个部门的平均人数为 2 人。商用件平台目前处于孵化阶段，尚无成熟的盈利模式，人员规模为 7 人，内部按职能设置渠道开发

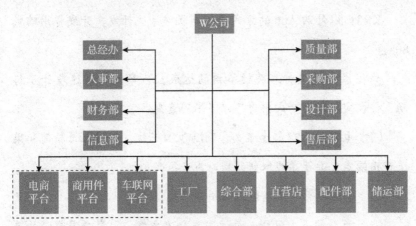

图 3-5 W 公司的组织结构

部、公关部和后勤保障部，人员离职率超过 50%，人员更新速度快，业务出路和盈利模式待突破。工业车联网平台目前处于前期项目论证阶段，目前有员工 5 人，其中 2 人分别从国内主机厂和互联网头部企业引进。因为市场需求萎缩，W 公司决定对新事业部的经费支持减少 30%，并努力实现总体盈亏平衡。

考虑到业务拓展的不确定性，W 公司决定在新事业部导入 OKR，并据此制定了目标：对新事业部的经费支持减少 30%，总体实现盈亏平衡。对应的关键举措成果如下。

KR1：电商平台运营和行政部人员精简 7 人，渠道费用减少 50%，促成经费减少 50%，毛利率提升 20%；

KR2：裁撤商用件事业部，人员分流至工业车联网平台和电商平台；

KR3：以外购 App 的方式进行车联网系统开发，开发费用缩减 80%。

为促成以上目标和关键举措的达成，各事业部迅速展开了行动，但在实际执行时却出现了以下不同意见：

（1）电商平台因起步不久，刚刚步入正轨，进行人员精简和渠道费用缩减无异于杀鸡取卵，反对声音很高；

（2）部分高管不同意裁撤商用件平台；

（3）商用件平台外聘人员不同意分流方案，要求公司解约并进行经济补偿；

（4）外购车联网 App 虽节省了开发费用，但运维费用占开发费用的 40%，而且在稳定性和安全性方面存在风险。

这些情况的出现暴露了 W 公司在导入 OKR 的过程中存在以下问题。

（1）目标及关键结果并未实现自下而上的一致，而变成了自上而下发布的指令，这反映了 W 公司的服从型文化和指令型的领导风格。之所以得出这样的结论，还有一个证据就是新事业部的组织设置，电商平台和商用车平台都设立了较为完善的部门，但每个部门的人数都是 2 ~ 3 人，条块分割过细是新成立部门进行组织划分的大忌。

（2）新事业部的管理较为混乱，既没有强有力的管理理念，也没有管理者统一团队意见、主导发展方向。从外部引入的新事业部负责人、高管不同的理念、内部不同的认知……这些都需要强有力的理念来统一思想，需要强有力的管理者平衡与协调各方关系。当然，这里所称的"强有力"更多的是不失序，而不是权威与霸道。"大海航行靠舵手"，尤其是新船启航时，大家对方向都没有明确的认识，迫切需要有人站出来决定接下来往哪里走。

（3）缺乏 OKR 的正确导入方法。从 W 公司导入 OKR 的过程和应用形式上讲，他们对 OKR 是没有概念的，直接将表单拿过来生搬硬套，在没有做"文化松土"和评估管理适配性的前提下，不按照导入的正常逻辑执行，最终只能草草收场，得出了一个"OKR 不适合本土企业"的结论。

04

第四章

OKR 增效

掌握了前几章介绍的技能后，就要学习怎样最大化发挥 OKR 效益了。

第一节　影响 OKR 增效的关键

在考虑如何能够发挥 OKR 的最大效益的时候，首先要考虑一个实际问题，那就是：OKR 能推行多久？

一、避免误区，让 OKR 能顺利推行下去

OKR 推行失败分两种情况：一种是过程失败，在推行的过程中因为计划不周、动员不够、反馈不足、无法落地应用等情况导致夭折；另一种是结果失败，未达到预期目标，没有体现 OKR 应有的价值。

OKR 推行失败的原因是多方面的，管理者可以从以下几种情况入手开展自检，如表 4-1 所示。

表 4-1　影响 OKR 增效的常见情形自检表

问题清单	是否存在	情况描述	原因剖析	改善建议
生搬硬套，迷信所谓"最佳案例"	□ 是 □ 否			
有形无实，"新瓶装旧酒"	□ 是 □ 否			
粗枝大叶，大而化之	□ 是 □ 否			
闭门造车、夜郎自大	□ 是 □ 否			
……	□ 是 □ 否			

（1）生搬硬套，迷信所谓的"最佳案例"。很多企业在推行 OKR 时几乎人手一本介绍谷歌经验的《OKR 工作法》，就像照镜子一样对比本企业的 O 和 KR 是否和书上相同。殊不知，谷歌和英特尔的成功并不代表他们的经验可以无限复制。就像前文所说的，OKR 生存的土壤之一就是文化契合，谷歌的工作方式放到国内的企业中是很难复制的。

那么，"最佳实践"是怎么形成的？案例都是事后总结出来的。

提炼案例的过程往往是去粗取精、删繁就简，会隐去大量的细节。就像华为的成功在很大程度上得益于程控交换机的发明，如果另外一个叫华不为的公司同期也发明了程控交换机，就一定可以取得巨大的成功吗？字节跳动应用 OKR 助推其商业版图有了明显的发展，那么句子舞蹈公司应用 OKR 也一定能够帮助其扩大营收吗？未必，因为前者是后者的必要条件而非充分条件。案例最大的弊端之一就在于事后的局部总结替代了整体的认知。用一些加工后的案例作为"最佳实践"无异于害了最佳实践本身。

（2）有形无实，"新瓶装旧酒"。如果说盲目照抄照搬是 OKR 教练的水平问题，那么名不副实就是最常见的导致 OKR 推行失败的主要因素。管理层尤其是中层管理者作为承上启下的关键环节，如果下属受控、诸事可控，还能做出成绩，就是相当"理想"的管理状态。所以，他们具有的难以接受分权和盲目授权的特性，和 OKR 有明显的冲突。在实际操作上，有这样几种怪象：一是名为 OKR，实为 KPI，将目标层层分解，执行时求全责备，搞得员工人心惶惶；二是名为自下而上发挥基层员工的积极性，实则自上而下传达，省略了集体讨论和集中反馈的关键环节；三是可以征求基层意见，但几乎不会采纳；四是周期末的反馈更像检讨会和批斗会。凡此种种、不一而足，严重扭曲了 OKR 的本质。

（3）粗枝大叶，大而化之。这是基层管理者和部分 OKR 推行者（包括不合格的教练）常犯的错误，觉得 OKR 很简单，讲授经

典的表现形式然后执行就可以了。天下大事，必作于细，推进 OKR
也是一样，要从大处着眼、小处着手，一步一个脚印地走。掌握了
OKR 的操作技巧，就像学会了驾驶汽车，掌握了一门技能。老司机
都会说开车不难，但当初我们在经历从科目一到科目四的考试时，
觉得难不难呢？当然觉得很难。其实，这就是思想认知问题。从本
质上讲，OKR 并不复杂，操作起来并不麻烦，形式上也灵活多样，
但这并不代表在推行 OKR 时就可以粗枝大叶、大而化之。从导入
到试运行再到运行的每个环节都不能省，该宣讲的内容一个都不能
少，教练的指导和管理层的支持也不能缺位，只有在各方面条件都
具备的情况下才有可能使这种工作法在现有体制下生根、破土，在
复杂环境里开花、结果。笔者经历过太多的因为细节不到位而导致
OKR 在执行中走样的情形，这里举一个例子说明。

　　某公司准备推行 OKR，目的是提高员工工作的积极性。推行的
主要过程是：

　　第一，制定了绩效考核方案，报 CEO 签字；

　　第二，宣贯绩效考核方案，员工提出了一系列疑问，但管理者
并未进行详细解答；

　　第三，下发绩效考核模板，每月初填写绩效计划，对未按规定
填写的员工进行扣分、批评；

　　第四，进行考核及资料提交佐证，以此判定是否完成绩效
目标。

结果，这个项目只持续了三个月就夭折了。笔者认为，该公司存在的问题主要有以下四个：

第一，绩效考核方案未经过充分调研，未正确评估公司环境是否适合推行 OKR；

第二，导入阶段未充分做好 OKR 推行目的、意义、操作等培训；

第三，扭曲了推行 OKR 的初衷，用 KPI 手段"监控"执行效果，结果必然会大打折扣；

第四，佐证考核，高层和中基层管理者都没有从"指令—执行—指令—再执行"的循环中解脱出来。

由此看来，说好和做细做实是两个截然不同的层次。

（4）闭门造车、夜郎自大。这是和第一种情形截然相反的另一个极端，OKR 推行者或教练常犯这种错误，最终会导致 OKR 推行功败垂成。在实际操作过程中，管理者往往自认为设计的表单天衣无缝，在推行的过程中也按部就班地与员工进行沟通和宣导，但大家的参与性就是不高，完成表单就是应付差事、走完流程。之所以会出现这样的情况，根本原因在于导入者或教练设计方案的时候想当然地认为方案是符合实际情况的，没有对环境的复杂性进行充分的预估。因此，导入者或教练一定要避免这种"迷之自信"。

以上是导致 OKR 推行失败的一些常见情形，企业管理者或 OKR 推行者一定要避免这些误区，让 OKR 能够在企业中顺利推行下去。

二、如何让 OKR 能够持续存活下去

"活下去"这个口号自从万科地产喊出来之后，已经成了众多企业管理者的心声。企业如此，管理方式也是如此。OKR 在经历了狂热期之后面临的是管理者的冷静思考——如何让 OKR 持续发挥价值。

（1）活学活用、因地制宜。某公司是一家科技型创业企业，主要提供交运系统软件服务（B2B 端的车联网中心）。该公司成立于 2000 年，主要依托于某新一线城市公共交通市场。公司引入 OKR 希望解决两个问题：一是创新问题，解决拳头产品乏力的问题；二是效率问题，推动销售人员积极开拓市场。依托谷歌的 OKR 实践，公司初期实行了两项"创新"举措：一项举措是全员大讨论，即讨论创新产品的主攻方向是什么；另一项举措是制定营销的 KR，一步步地占据市场。但是，全员讨论的方案五花八门，没有一个方案能被所有人认可；营销的 KR 落实了，但销售额并没有改善，甚至出现了较大幅度的下滑。因此，OKR 被紧急叫停。

此后，公司聘请了 OKR 教练，他给公司开出的"药方"是，不要照搬照抄，同时他提出了两项举措：一项举措是进行客户需求调研，发现痛点后面向市场找答案；另一项举措是采用人效管理方式，与人均营收、人均利润挂钩。

虽然从表面上看 OKR 教练提出的两项举措与 OKR 没关系，实则就是确定目标、采取关键行动。好的关键行动一定是具体的、因

地制宜的、能够支撑效果达成的。

（2）持续的文化松土、流程再造。在导致企业推行 OKR 失败的诸多因素中，企业不具备 OKR 的生存土壤是最为常见的因素。一旦 OKR 没有了高层管理者的支持，没有了中层管理者的授权和信任，没有了高效的反馈和共享机制，它很快就会凋零。所以，持续的文化松土、流程再造是避免 OKR 走向失败的关键。

在实践的过程中，关于文化松土、流程再造，企业管理者有以下几个举措，第一，在高层会议上增加 OKR 案例分享环节，事前准备好行之有效的案例，特别是有利于增收、降本、创新的优秀案例，在企业内部营造一种优秀案例不断涌现、高层持续关注的良性氛围；第二，厘清中层管理者有所为、有所不为的边界，制定中层管理者的责任清单和授权清单，并对实施情况加强评估。

（3）持续纠偏、确保方向正确。在实践过程中，尤其是在试运行和全面推广阶段，OKR 会面临一系列的细节问题，如果不及时纠偏，就可能会使前期所做的努力前功尽弃。

常见的需要纠正的偏差有以下几种。第一种是对 OKR 的实施过程感到陌生。很多企业在第一次推行 OKR 时，是需要专业的教练手把手进行过程指导和纠偏的；第二种是对 OKR 实施的关键环节把握不准，很容易跳过讨论、制定目标、过程管理、反馈等关键环节，或简单化地处理关键环节，最终导致结果达不到预期；第三种是事前缺乏周密计划，导致执行走形。为了避免出现这种情况，

OKR 推行者应事先考虑清楚商业推广计划和细节处理方案等。

三、如何让 OKR 从活下去到活得好

要想让 OKR 在企业中不仅能活下去，还能活得好，关键就是让 KR 聚焦战略目标，并支持战略达成。

那么，怎样才能做到呢？

我们先从行动的分类开始。在实践中，我们把关键行动分成如图 4-1 所示的类型。

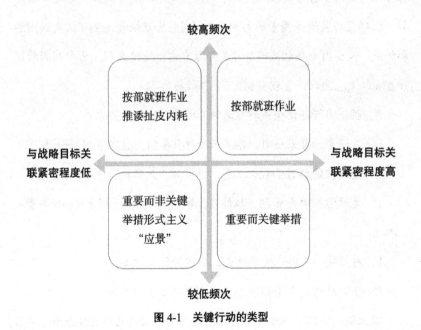

图 4-1 关键行动的类型

根据实践经验，以下方法可供参考借鉴。

（1）应用战略地图进行关键行动解码

战略地图工具应用的有效性已经被众多企业和第三方机构的战略分析师验证了，他们应用战略地图为该企业的战略达成制定了详细的路线图和时间表。战略地图涵盖的内容丰富，可以更好地发现支撑战略目标的实现。

下面举一个例子来说明应用战略地图的具体操作。

S 公司是一家民营炼油企业，其主要业务是从石油输出国进口原油，在炼化加工后出售给加油站。近年来，受到国际油价波动、运输成本增加、汇率变动风险等因素的影响，S 公司的生产经营遇到了较大的困难和挑战。S 公司今年的战略目标是开源节流、持续盈利，力争利润额提升 5% 以上。为此，管理层制定了以下战略举措：

A. 联合同行炼化企业租赁油轮，摊薄原油运输成本；

B. 入股原油开采公司，签署长期供货合同，稳定原材料价格；

C. 通过技能提升和优化工艺，使劳动生产率提升 3% 以上；

D. 通过缩短财务账期、压缩差旅费用等，降低管理费用和财务费用 1.4% 以上；

E. 对炼化一厂实施技术改造，引进智能化设备；

F. 参加炼化行业价格联盟，反对恶意压价竞争等。

以上第一、二、五和六项为运营类举措，公司可以直接应用；第三项为学习成长类举措，管理者要进一步细化；第四项为财务类举措，专业性较强，用规章制度落实即可。

（2）应用杜邦分析法验证关键行为效益

杜邦分析法是一种财务分析方法。OKR 支撑战略目标达成的情况，在很大程度上要看是否达到了预期的收益。应用杜邦分析法验证关键行为效益有三个关键步骤。

第一步是准确分析战略目标对应的经济效益，也就是熟悉杜邦分析法的操作技巧。

第二步是在杜邦分析法的关键节点匹配关键举措。将战略举措分门别类地支撑对应的指标。如果一个举措支撑两个或以上指标，在其权重较大的一个指标旁边显示就行，避免重复显示。

第三步是验证关键举措的完成情况及效果。确定关键举措是否完全支撑指标达成，用举措完成情况检验指标达成情况。如果整体目标没有达成，就可以溯源，确定哪些下级指标及相应举措没有完成，之后制定整改举措。

（3）应用认识飞跃的哲理验证行动的逻辑性

如何把有限的精力用在实现增值的关键行动上，需要经过理性的思考。

理性思考的过程按程度由浅入深共分三个步骤，即思辨→证实→证伪。思辨就是总分总的金字塔逻辑分析；证实就是去粗取精、去伪存真、由表及里、由此及彼；证伪就是看因果之间是否存在必然性。具体内容如图 4-2 所示。

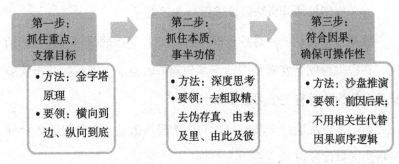

图 4-2　行动逻辑性验证步骤

第一步的金字塔原理和第三步的因果分析相对容易理解，这里不再赘述。下面重点就如何实施第二步进行分析。

去粗取精就是删繁就简，把精力集中到关键行为上。知名读书 App "樊登读书"（现改名为帆书）初创时，运行问题频发，既有反应慢的问题，也有界面单一的问题，加之客户覆盖率低，运营成本高，各种问题叠加。在这种情况下，创始人坚持一段时间内只解决一个问题，并且优先选择和客户满意度强相关的问题，界面的美化、运营降本等问题统统排在后面解决，在艰难的环境下聚焦优势资源解决棘手问题。这样做的效果很明显，随着一个个问题逐步得到解决，"樊登读书" App 最终赢得了市场的认可。

去伪存真就是要避免在不增值的举措上浪费太多时间。许多中小企业和部门在发展壮大的时候，常常急于求成，迷信"管理万能""文化万能"，结果是管理系统安排了不少、文化建设移植了不少，但反映到支撑战略目标达成的落脚点上却很乏力。

由表及里就是要抓住关键行为举措的机理，努力做到事半功倍。下面给大家分享一个"努力做事"和"做事努力"的案例。某自动化设备开发公司的技术总监很欣赏"做事努力"的人。他认为，在自动化设备开发的过程中特别讲究项目管理，就是按照"机构设计—电控布局—视觉设备配置—软件开发"的步骤进行，既要有整体性，也要有系统性，不了解工作系统、逻辑混乱的人无法做好这项工作，"做事努力"的人贵在努力把握设备开发的机理，忙而不乱、方得圆满。"努力做事"的人则是抱着试一试的心态，努力做，态度好但没经验，做事的结果存在不确定性。在我看来，这样的定义未必准确，但我们都要努力达到"做事努力"的境界和状态。

由此及彼就是举一反三、触类旁通。竞争对手在营销、运营、制造、售后、运输、财务、管理、仓储、客户服务等方面的长处，我们都可以借鉴，这些举措和手段往往非常有效。例如，某公司在订立战略目标时，借鉴某竞争对手的策略，以低价竞争优势赢得订单，以内部运营突破为抓手，顺利实现了年度目标。同时，在客户服务方面体现出了更强的竞争力，在管理成本控制方面也实现了突破。

第二节　OKR 效率优化的 3F 管理

这一节我们讨论 OKR 如何在企业中活得好的问题，其关键点在于有效。OKR 的效率优化是一个持续的、动态的过程，我们要从执行的细节出发，概括出事关效率优化的三个重点，即行动聚焦自驱化（Focus）、定期反馈常态化（Feedback）、问题解决机制化（Fix it）。为了便于理解，我们称之为 OKR 效率优化的 3F 管理。

一、行动聚焦自驱化（Focus）

在试运行阶段，关键行为举措靠教练手把手指导；在全面推广阶段，关键行为举措更多的是靠自下而上讨论决定。从试运行到全面推广阶段就是一个从被动逐渐转化到主动的阶段。

我们常常看到这样的情况，即从被动转化为主动的情况出现障碍。之所以会出现这种情况，主要有以下两个方面的原因。

第一，认知方面。员工对待 OKR 的态度不端正，这种情况在初期比较常见；拿捏不好怎样主动提出个人见解，常见的情况是欲言又止、害怕说错；提出具体的举措后又怕任务落到自己头上，等于自己给自己派了任务；只讲需要别人协助的关键举措，一旦涉及自己要做的事情就避重就轻，这些都是对如何聚焦关键行为缺乏足够掌控力的表现。

第二，管理方面。管理方面的问题主要包括两类。一是官僚文化，官僚文化就是高高在上、讲究形式的文化，它能够满足管理者的权力欲和虚荣心，却会挫伤基层员工的创新活力；二是求全责备的追责，我们不反对失职追责，但坚决反对求全责备的追责，因为在实践中，这些表现对基层员工自发自愿实施 OKR 关键举措的"杀伤力"是巨大的。

那么，我们如何在执行关键行为环节真正激发基层员工的内驱力呢？以笔者的经验，切实做好以下工作是必不可少的。

第一，正确处理好授权与支持的关系。在前文中，我们提到了管理者授权的重要性，但在实践中，管理者往往把握不好授权的尺度，对放权会存在顾虑。那么，放权是不是就可以一放了之了呢？答案当然是否定的。一放了之，不仅容易导致进度失控，更容易使员工感到无所适从，工作的积极性受挫。所以，在 OKR 推行之初，中层管理者既要授权也要支持，让员工切实感受到这是公司的管理革新，是公司谋求目标管理突破的新路，让员工感受到支持的力量。

第二，教练角色的工作重点要放在转变思维上。事情有"道、法、术"几个层面，教练对于员工掌握 OKR 的指导不应只停留在"术"的层面，更应该着眼于"道"的层面，让 OKR 实践者既要知其然，又要知其所以然，引导员工转变工作的思维方式。我们在推进 OKR 实操落地的时候，要脱离"为做而做"的思想桎梏，转变自己的工作思路。一是扭转"与己无关"的想法，将 OKR 与员工的切身利益挂钩；二是放下"说了没用"的顾虑。商讨关键行为举措的理想状态就是"说了算，定了干，再大困难也不变"，但实际上，"定了干"相对容易，"说了算"相对就难了。尤其是在决定关键行为时，往往会有一些人的意见不被采纳。要想解决这个问题，重点就是让大家充分讨论、各抒己见，最后从价值链关键节点的角度确定最优行动举措，让大家从内心接受这个决定。三是转变"打工者"心态。员工要对事负责，对自己负责，从"我做了，你给钱"转变为"我做好了，实现了价值变现"。在聚焦关键行动时，要主动思考、主动参与、献计献策、群策群力，确定现阶段必须完成的关键行为举措。当然，冰冻三尺非一日之寒，转变思维是一场持久战。

二、定期反馈常态化（Feedback）

反馈之于 OKR 的意义，就如同导航软件之于行车的重要性。不良反馈的表现形式很多，总结起来，大致有以下几种表现。

（1）被动反馈。很多企业在推行 OKR 时，省略了过程反馈和结果反馈，结果一条道走到黑才发现，原来在之前某个节点就跑偏了，只得重新开始，浪费了不少人力和物力。

（2）过频反馈。与被动反馈相对的就是过频反馈。我们常常发现这样的情况，在推进 OKR 的过程中，战报一个接一个，作战图的灯绿了又红、红了又绿，但到总结的时候，发现并没有多少改进。这是因为业务模式、营销策略、客户群体都没有变，仅仅依靠短期的过程激励很难发生质的改变。

（3）错误反馈。与被动反馈和过程反馈相比，错误反馈是最离谱的。片面的信息、单一的数据、粗略的统计、不及时的信息等都会造成反馈信息的失真与片面。根据错误的反馈做出的决策一定不会带来理想的效果。

（4）"零"反馈。反馈的极端情况就是没反馈，上下级之间的信息是割裂的。

那么，什么是好的反馈呢？有以下几个衡量标准：

（1）按 KR 标定日期反馈成果；

（2）如果 KR 完成时间长于 1 个月，至少每个月反馈阶段性成果；

（3）如果 1 个月无明显成果，双周或月度反馈过程进展；

（4）利益相关方和团队均应无差别知晓反馈信息；

（5）提供答疑和行动矫正机会（程序）；

（6）成果类反馈和过程进展反馈的频次分开，过程进展反馈可视情况增加频次；

（7）反馈过程是增进信任和推进工作的过程。

在实际操作中，很难有面面俱到的理想的反馈模式，以下几种常态化的反馈方式可供参考。

（1）利用微信群、钉钉、企业自主开发的通信平台等渠道随时传递进度。其优点是简单快捷，缺点是一些人会忽略信息。

（2）利用早会、周会等例会形式高频反馈，其目的是实现信息共享和必要的互动。其不足之处在于准备反馈资料需要时间，如果反馈频次过高就会给员工带来无形的压力。

（3）召开双周反馈会。项目组成员与相关单位进行面对面的沟通和探讨。这种方式的优点是沟通深入、全面，不足之处在于双方不容易达成一致，最好由高管来主持会议。

（4）召开专案反馈会，对某项目的进展情况进行阶段性专题反馈，一个目的是汇报进展，另一个目的是寻求指示、资源。其不足之处是需要拿出真正的进展效果，寻求项目达成与资源最优的平衡点。

（5）进行轮值反馈。在有多个项目或一个项目有多个项目小组的情况下，可以进行轮值反馈，每个小组长都要对项目的整体情况负责，这样既可以保证反馈效果，又能够使当期不负责反馈的项目骨干腾出更多的精力关心、关注其他工作，确保 OKR 推进工作的整体效果。

三、问题解决机制化（Fix it）

推行 OKR 最尴尬的情况就是过程轰轰烈烈，反馈规规矩矩，最后盘点时才发现问题没解决、目标没实现。造成这种情况的原因是实践中存在以下情形。

（1）用流水账替代 KR。实际上，按部就班的流水账并不能支撑目标的达成。这就造成了"目标—关键结果—完成"过程没有形成环环相扣，省掉了关键结果的环节。适合应用 OKR 的进度简化表如表 4-2 所示。

表 4-2　OKR 进度简化表

频次：□ 每日　□ 周度　□ 月度

项目	关键结果	进度	状态	预期风险	防范举措	备注
1	KR1：…		●			
	KR2：…		●			

（续表）

项目	关键结果	进度	状态	预期风险	防范举措	备注
2						
3						
4						
5						

（2）目标本身不具象。实际上，很多目标更像是战略目标，哪怕只是一个阶段性目标，也没有清晰量化的内容，这样就造成了 KR 无须承接的问题，即无论 KR 怎么定，结果都是可以完成的。

（3）目标与关键结果脱离实际。脱离实际的目标必然会造成冒进，最后就是搬起石头砸了自己的脚。

究其原因，归纳起来主要有以下几种。

首先，对 OKR 的应知应会掌握不够。要想发挥一种工具的效能，最忌讳的就是一知半解。这处于乔哈里视窗的最危险区域——

不知道自己不知道，这样就容易对工具产生盲目自信，觉得 OKR 可以做一切事情。

其次，推行 OKR 的条件不完全具备。上下级之间不完全信任彼此，下级担心制定过于明确的目标就会受到考核，等于是"自己给自己挖坑"；参与方思想"松土"不够，员工顾虑重重、担心受到 KPI 考核，担心触及负面关键事件，担心自己还没发挥主观能动性，问责问效等各种评比、考核、监督举措就来了。企业并不具备开放灵活的文化环境。

再次，要解决的问题的难度超过了 OKR 所能承受的范围。问题解决有许多方法，如质量问题有六西格玛、逻辑问题有鱼骨图、投资收益问题有杜邦分析法等，OKR 能解决的问题只是目标管理问题。笔者常常看到个别管理者把既定 KPI 指标未达成、员工能力差、找不到方向先试试等问题归结为 OKR，OKR 的确很难背得动这个"锅"。

最后，没有认识清楚问题的本质。实践中，常常碰到的情况是，把现象当做问题，解决现象容易浮于表面，不能从根本上解决问题。例如，设定的目标是二季度 A 商品的销量要达到全年的60%。实际面临的问题是 A 商品价格面临季节性浮动。那么，怎么解决这个问题呢，给出的举措就是未实现目标时促销、超额时适当浮动价格。结果，消费者慢慢地发现了这个规律，就改变了消费习惯，等到促销时再购买，因此这个举措并不是有效的。商品价格面临季节性浮动是客观现象，问题的本质在于生产计划的精确性。正确的解决方案应该是研究消费习惯，安排 ERP 系统，加强库存健康管理等，而不是促销、提价。

下面，通过一个案例来说明 OKR 效率优化的 3F 管理过程。

背景：某通信产品研发公司的产品为高端 AR 产品，现处于前期产品研发的紧张时期。为加快研发进程，实现研发量试目标，公司做了以下关键举措。

（1）充实研发人才。2020 年以来，研发部门已经从科研院所引进了 2 名视觉技术方面的博士，并通过校园招聘引进"双一流"高校毕业生 20 余人，技术人才队伍已经超过 40 人。该项工作已于 2020 年年末完成。

（2）购置研发设备。为保证研发精度，公司先后从 FANUC 公司购买数台 CNC 机床，从大族激光引进 5 台皮秒激光器，从安达智能购买 2 台点胶机和 1 台涂覆机，并且已经预定 PBC 加工力量。点胶机是非标准自动化设备，开发周期较长，其他均已安装到位。

（3）前期准备工作已有一定基础。针对竞争对手的产品调研已经完成，产品设计（PD）已经基本确定。

需要达成的目标：在 2022 年末实现小样量试。

面临的问题如下。

（1）研发突破难。该研发项目在业内属于前沿技术，没有可以参考的对象。无论是工业设计、制程设计还是设备设计都需要团队从零开始。唯一可以借助的外部资源就是这些设计工作完成之后，可以寻找合适的供应商进行 OEM 加工制造。

（2）瓶颈问题多。在研发的过程中，需要解决的瓶颈问题主要有产品设计变更频繁导致研发迟滞问题、IC 设计人才匮乏问题、制程精度不达标问题和非标准自动化设备与制程不配套问题等。

（3）管理机制未理顺。在研发推动的过程中，既要向研发单位汇报产品设计进度，又要与客户报告；制程开发组织更为复杂，模具部分向产品设计单位和模具设计单位报告，治具部分向制程开发单位和治具设计单位报告，检具部分向品质开发单位和检具设计单位报告，制程开发单位与产品设计单位的意见常常相左，难以达成一致意见。

（4）人才流失较多。研发部门的技术人才主要以产品设计、电控设计、软件设计、机构设计、制程设计与开发、材料工程等相关技术类为主，外部企业对此类人才的需求量大，一旦薪资、平台达不到他们的期望，就很容易造成离职，影响公司的开发进度和经验传承。

（5）项目管理和绩效管理基础薄弱。研发管理者以技术型专家为主，主要推动研发攻坚，在项目进度管理和绩效管理方面欠缺专业性。

为了改变这种情况，研发部门在充分调研的基础上决定推行 OKR 管理模式，常规的宣贯等动作在这里就不一一赘述了，下面主要展示聚焦问题和解决问题的关键举措。

首先，制订日程计划，让无既定解决方案的瓶颈问题和难点突破有里程碑式的节点规划。

其次，提炼关键结果作为 OKR 考核指标。

再次，完善反馈机制，如表 4-3 所示。

最后，确保相应资源的支持。关键举措包括：（1）产学结合，与知名大学共建实验室，促进技术攻关；（2）引进高级别技术人才，签约材料科学博士 2 人，重点进行塑胶模具开发；（3）引进咨询公司推动项目在研发部落地；（4）公司指定一名副总经理负责研发部的行政工作，主要推进客户对接（含外语翻译）、干部管理、绩效管理、团队建设和人才发展工作，确保了公司在人才、行政管理方面的有力支持。

表 4-3　某通信产品研发公司推行 OKR 的反馈机制

反馈组织形式	反馈内容
晨会	梳理进度，沟通各自想法和工作进展，以及需寻求的资源等
周会	探讨本周总结和下周推进计划
专题会	探讨瓶颈问题
日常灵活反馈	不限

通过以上关键举措，目前公司的开发项目正按照作战图顺利推进。需要指出的是，资源支持在严格意义上并不是 OKR 的内容，更像是确保 OKR 顺利推进的前提和必要准备。另外，该案例中的公司并不是单一应用 OKR 来进行目标管理，而是使用了"组合拳"。

案例：某 3C 企业的 OKR 成功应用

背景：F 公司是一家 3C（计算机 computer、通信 communication 和消费性电子科技产品 consumer electronic）制造企业，主要生产笔记本电脑、平板电脑、一体机、台式机、显示器、云服务等相关产品。该企业近 10 年来运营一直较为稳健，营收和利润年复合增长率约为 10%。近两年来，因为竞争对手的涌入和组织发展滞后，以及全球供应链不畅，企业发展遭遇瓶颈，营收和利润增长起伏较大，但均未超过 5%。为摆脱这种状况，实现突破和转型，企业引进了不同于现有产品的新订单。

在成熟产品的研发和制造部门，近些年来管理团队和工作方式并未发生较大变化，研发组织按照产品分为不同的项目组和生产线按部就班推进，虽然效率比竞争对手低 20%，但因其规模优势和产品良率的优势，依然在市场中保持一定的竞争力。但如果新产品也采取这种模式，在没有上述优势的情况下，很难赢得市场先机和主动权。为此，企业制定了以下决策。

首先，把新产品、新订单从现有的研发和制造体系中剥离出来，成立一个独立的部门，给予一定的容错机会和考核豁免，包括研发的资源倾斜、利润指标豁免、提供专门的厂房设备等。

其次，采用不一样的组织形式。无论是研发部门还是制造部门，层层分解分工、尽可能安排具体岗位负责某 1~2 个动作，以发挥流水线的优势。新产品面临技术人才和制造人员并不富余的实际情况，所以采取集中优势兵力集体作战的策略。将技术研发环节分为若干个攻坚项目课题，以项目制的形式各个击破，如图 4-3 所示。

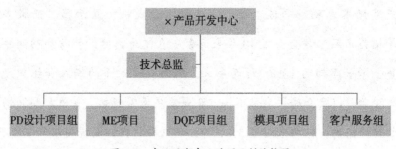

图 4-3　产品开发中心的项目制结构图

再次，每个项目组制定详尽的日程安排表（如表 4-4 所示），确保过程可控。项目组提出的行动计划要经过项目成员的激烈讨论，项目负责人作为推手，执行者作为技术路径的实践者对过程细节、所需时间、所需资源、困难和问题等达成一致。

最后，针对关键成果达成一致。有了详尽的日程安排表后，关键结果的输出就相对容易了。

需要注意的是，这里的关键成果并未与考核严格挂钩，因为在新产品开发的过程中修正和纠偏情况十分常见，如果急于用关键成果进行考核，可能会适得其反。

表 4-4　日程安排表

姓名	苏××	工号	100102	所属中心/部门	2021 年 6 月至 9 月		开发部
职务	开发组长	时间段					
序号	目标	关键结果		完成日期	完成情况说明		评分
1	制程开发能力提升100%，完成开发任务	KR1：达成一次良率指标（综合出货良率≥80%）		6/15			
		KR2：尺寸良率达85%，设备良率达87%		7/15			
		KR3：异常停线处理时效达≤1小时		8/30			
		KR4：客户端质量客诉为0（工程表问题）或服务对象书面投诉≤5件		9/30			
2	Q3达成80%的成本降低目标	KR1：实际成本比理论设定值降低5%		6/15			
		KR2：耗材成本降低1.8%		7/15			
		KR3：开发可重复使用治具，占规划类别总数量的70%以上		9/30			
3	技术创新提升加价值，100%满足新产品开发需求	KR1：开发新产品制造所需的新技术、设备、耗材3件		8/30			
		KR2：完成系统提案3件，其中核准1件		9/30			

姓名	苏××	工号	100102	所属中心/部门	开发部	
职务	开发组组长	时间段		2021 年 6 月至 9 月		
序号	目标	关键结果		完成日期	完成情况说明	评分
4	提升全员工程能力	KR1：全制程开发工程师可熟练使用 UG 软件		9/30		
		KR2：CNC 工程师可熟练使用 CAM 编程软件		9/30		
		KR3：机械表面工程师可安全操作 AR 机械手		9/30		
		KR4：组装激光工程师可安全操作各型号激光机和点胶机		9/30		

第五章

OKR 的实操差异

世界上没有放之四海而皆准的真理，把 OKR 的一般理论与实践相结合才能发挥其更大的效用。不同性质的行业推广 OKR 是否会有差异？不同规模的企业应用 OKR 是否会有差异？处于不同生命周期的企业应用 OKR 是否会有差异？本章我们主要探讨这些问题。

一、OKR 在不同性质的行业中的应用差异

我们按照竞争—垄断和传统业态—现代业态对行业进行象限划分，如图 5-1 所示。

图 5-1　行业四象限划分图

从竞争—垄断维度看，竞争性强的企业成功推广 OKR 的可能性更高。垄断性强的行业的管理方式和灵活性相对比较固化，不具备适宜 OKR 生存的土壤。

从传统业态—现代业态角度看，对 OKR 的推广应用并无严格的限制，但从应用的适宜性来看略有区别。现代业态主要是指新经济或新兴业态，如云生态、大数据、人工智能、新能源等，与第三产业的对应关系较强。现代业态的市场主体多建立了敏捷而扁平的组织，引进了现代管理制度，与西方的管理模式比较接近，所以适合在企业内部推广应用 OKR，无须进行过多的本土化改造。传统业态包括第一产业即"农林牧副渔"和部分第二产业，如技术含量较低的加工制造业。传统业态的两个特点决定了其推广应用 OKR 的局限性：其一是存续时间久远，发展和改变的空间相对有限；其二是传统业态的企业文化根深蒂固，"文化松土"的困难比较大。

我们在实际应用、推广 OKR 的过程中，应充分考虑不同性质行业的差异。我们根据经验把这种差异划分为不同的三个象限。

（一）优先应用象限。优先应用象限位于现代业态和竞争行业的区域内。实现充分竞争的现代业态在推广应用 OKR 的过程中是易于推广且易于达到效果的。这类行业一般包括新兴业态，其特点是增长或发展迅速，市场竞争激烈，产品迭代周期快，企业出清速度快，以中小型企业为主，人员素质普遍较高，文化氛围较为活跃、包容，能够较好地实施人性化管理等。在优先应用象限内的企业，推动 OKR 的文化氛围匹配、需求强烈，阻力最小、效果最好。

（二）次优应用象限。次优应用象限位于传统业态与竞争行业的区域内。与优先应用象限不同，次优应用象限内的企业在推广应用 OKR 时主要需要解决两个问题，即 OKR 的文化适应性改造问题和 OKR 推广应用的必要性问题。OKR 在官僚文化下很难发挥效能，很容易流于形式，OKR 的文化适应性改造在传统行业内是要伤筋动骨。另外，关于是否确有必要推广应用 OKR 的问题，位于次优象限内的企业在是否应用 OKR 的问题上是要做出取舍的，既不能一刀切地用，也不能完全弃之不用。折中的方法是局部应用。局部应用的目的就是评估在传统企业中的某些部门、某些项目，确定哪些部门可以局部应用 OKR。例如，经过调研发现，新产品研发单位的职业经理人做事果断干练，但不独断专制，文化适应性和包容性比较强，能够鼓励新产品和新工艺的研发创新；新产品研发团队已经两年没有推出获得市场认可的爆款产品了，自上而下的压力都比较大。经过综合评估，这样的团队导入 OKR 的条件是比较成熟的。所以，做完一系列的导入动作后，自下而上进行新品小试、互学互鉴、比学赶帮的氛围逐渐形成，在不到一年的时间里就有多款产品被推向市场，受到了消费者的青睐。

（三）不宜推广象限。不宜推广象限位于以垄断为主要特征的象限内。之所以将其列为不宜推广象限，皆因其的垄断性质。这类企业的管理一般趋于固化，进取心减退，很难激发企业进行颠覆式的创新。但是，不宜推广并不意味着不能推广，有两种情况恰恰是在这类企业推进 OKR 的契机，一种情况是非自然垄断的企业，如互联网某些细分领域的企业，这类企业不像自然垄断企业那样以稳定、安全、合规、低盈利为前提，也面临竞争的压力。这类企业的竞争手段更加多样，而这恰恰是 OKR 存在的理由。事实上，不少互联网公司，包括国际知名的谷歌、爱彼迎、优步等和国内知名的字节跳动、阿里巴巴、携程等公司都比较崇尚自下而上的创新，对 OKR 的推广并没有天然的排斥。另一种情况是垄断企业面临着外部环境压力，"躺赢"的环境一旦改变，那么固化的管理就到了"松土"的时候了。我们见过很多的国企改制的企业，市场经济激发的竞争活力让这些企业失去了市场，陷入了困境。随着开放的大门越开越大，这些行业和领域不免受到外界的冲击。例如，银行业面对在线支付的挑战，如何创新转型就是一个常新的话题。在这个过程中包括 OKR 在内的一系列新的管理制度和方式就会发挥助力作用。

总结起来，如果企业处于优先推广象限，那么管理者可以检视企业环境积极推进 OKR，充分发挥 OKR 效能；如果企业处于次优推广象限，那么管理者就应迅速评估推进 OKR 的可能性和必要性，视需求进行局部深耕；如果是处于现代业态的垄断行业，那么管理者就要评估一下企业受到外部环境冲击的可能性，在合适的时机推进 OKR。

二、OKR 在不同规模企业中的应用差异

企业规模对 OKR 发挥作用的影响并不是决定性的，但如果不顾及企业的规模差异，一味推行 OKR 往往会事半功倍，多走不少弯路。接下来我们将企业规模与企业的价值链结合起来，以便更为清晰具体地讨论 OKR 的应用差异。

我们按照企业规模大小和价值链长短对企业进行象限划分，如图 5-2 所示。

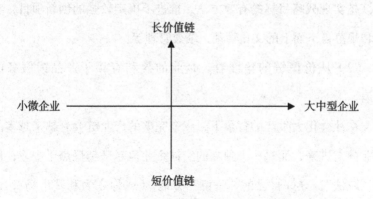

图 5-2　按照企业规模大小和价值链长短划分的象限图

（1）从企业规模的维度看，我们把企业划分为大中型企业和小微企业。在 OKR 实操中，小微企业可归纳到小企业范畴内。

小微企业在图 5-2 纵轴的左侧象限。小微企业是吸纳就业人群的主力，所以也是国家财政、税收、金融支持的重点对象。这类企

业的生存压力较大，容易受到经济波动或市场热点变化的影响，这导致其在组织管理上以短平快的管理方式为主，短期、盈利、有用的商业模式和管理方式受到推崇，适合在企业内推行 OKR。

大中型企业在图 5-2 纵轴的右侧象限。大中型企业往往是同行中的佼佼者，尤其是一些大型、特大型企业则是国民经济的主导力量。这类企业处于市场竞争的主动地位或垄断地位，已经脱离了为生存和盈利而烦恼的阶段，其主要诉求已经演变为永续经营、持续精进、优化管理和创新，占领行业新的制高点。此时 OKR 的效用应该是实现战略目标的有效方法，推进不确定较强的创新项目，实施和规范自下而上的文化管理、绩效管理等。

（2）从价值链的角度看，企业的盈利有赖于产品或服务的增值。

在社会化大生产的背景下，一个完整的产业链会有越来越多的企业参与进来，而每一个独立的实体企业也越来越聚焦于主业，做好"减法"，守好自己的"一亩三分地"（或称之为利基市场），退出自己不擅长的领域。这样做的结果就是在整个产业链上企业的价值链越来越短，甚至越来越单一。价值链长度的变化同样对 OKR 的应用提出了更高的适应性要求。

在单一型的企业中，企业的流程和制度针对性较强，运营成本和品质管控较为完善。此时，推广应用 OKR 要有较强的目的性，否则很难介入或容易流于形式。一般来说，单一研发型企业会因为瓶颈问题点的涌现而使 OKR 在聚焦问题、创新、战略纠偏等方面发挥作用。同时，这类性质的企业除了因出现棘手问题而需上下同欲、群策群力的情况，OKR 很难有更好的介入时机。

价值链较为完整的企业往往兼具产、供、销、研等完整的体系和产品增值流程（如图 5-3 所示），这就决定了它必须面面俱到，虽然实际上很难做到。在社会化分工越来越精细的今天，具备完整价值链的企业越来越少，甚至保持完整产业链的企业也在尝试逐步将低端的环节外包出去。农业产业化企业，即种一养一加一销一体化的企业，也是将种养环节留给农户的。在价值链的不同环节，这类企业是有精进和优化空间的，对实现管理和技术的突破是有其内驱力的，因此 OKR 是有一席之地的。

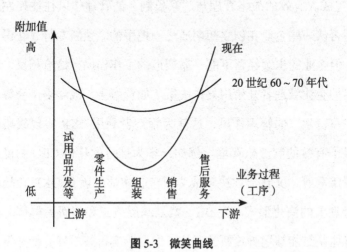

图 5-3 微笑曲线

需要说明的是，图 5-2 的四个象限只有应用差异和侧重点之分，并没有应用推广顺序的先后之别。

（1）第一象限，位于长价值链和大中型企业的区域内。位于第一象限的企业一般是提供产品或服务全价值链的头部企业，如华为、上汽等。这个象限的市场主体在应用 OKR 时要抓住一头一尾。"一头"就是决策层。众所周知，决策层主要负责战略目标的制定和推动战略目标的达成，即战略管理。战略目标的制定需要高管、智库（咨询机构）、基层员工和客户的充分参与，在很大程度上也是集思广益的过程，OKR 可以发挥战略管理工具的作用。OKR 作为战略管理工具，可以发挥目标制定与执行链接的桥梁作用，既可以在战略目标制定环节发挥自上而下的作用，又可以在战略目标执行环节跟进 KR 完成。有效的战略管理与"家长制"的管理作风往往相左，我们不否认一些企业在创立初期通过一把手的"独断专行"获得了生机，但企业的永续经营不能只靠霸道的工作作风，恰恰相反，越来越多的企业管理者开始用集体决策（如董事会、战略委员会等）代替"一言堂"的管理作风，这就为管理者利用 OKR 实现战略管理提供了有效的制度软环境。例如，华为推行的轮值 CEO 制度，既能锻炼高管，又让集体决策成为可能，本质上就是 OKR 在战略目标管理上的演化形式。"一尾"就是基层员工和消费者群体。这两类群体是最能够用脚投票的群体，中层落实得好不好，任务下达得怎么样，基层员工最有发言权。这些不确定性的环境有利于 OKR

发挥绩效激励和引导的作用。企业对于消费者没有管制权，只能深入挖掘和洞察消费者的需求并尽全力满足，在消费者需求调研、售后服务等环节，除了规范化操作以外，面对新情况、新问题的解决和内部整改，需要弹性的应对机制，OKR 在此时可以发挥连接消费者、解决新问题的作用，制定改善目标、促成问题解决。

要想让"一头一尾"发挥作用，关键是要有执行力强且推崇 OKR 的中层群体。要通过培训和宣贯让中层管理者知道，如何发挥主观能动性达成高层管理者制定的战略目标和举措，如何通过 OKR 激发基层员工的积极性和创造性，如何在弹性的服务创新和水平提升上不断满足消费者的（潜在）需求和诉求。

（2）第二、三象限，位于横轴（企业规模）下方的市场主体群体。处于这个象限的企业，一般是产品或服务价值链上的一个或几个环节。如苹果公司主导产品（如 iPhone、iPad、iWatch 等）的产品设计和营销环节，富士康、立讯精密、歌尔等企业则分别主导不同产品的代加工环节。这类性质的企业往往专注于价值链的某一个或几个环节而使其具有核心竞争力和不可替代性。所以，在平稳运行的情况下，企业是没有太强的动力去做出颠覆性或重大的改变的。处于这两个象限中的企业适合在两个时机推广和应用 OKR：一个是处于新产品、新技能的研发和导入的周期，另一个是企业的内外部环境发生了一些变化，原有的运行平衡机制将被打破，在这种情况下，OKR 在战略管理和绩效激发方面的作用便会得到较为充分的发挥。

A 公司是生产通信器材的代加工企业，近三年来运营和盈利一直较为稳定。去年，上游研发企业在分配企业加工订单时采取了以下策略：将各代加工企业运营数据进行透明化监控（利用工业互联网软件），目的是降低成本；扶持实力较弱的企业，使其与实力较强的企业形成竞争，目的是压低加工成本。在此背景下，A 公司以"扩大生存空间"为目标实施了一系列的革新举措，包括加大新技术的投入应用，占领加工技术深度、精度、速度的制高点；实施"精兵简政"，压缩非生产用工，提升灵活用工比例；开发新客户，扩大收入来源；与下游关键零部件与关键设备供应商建立供应链联盟，提升供应链的稳定性，降低采购成本。实施一段时间后，这些关键举措产生了阶段性成果，有效地支撑了公司战略目标的分解和实现。

（3）第四象限，位于小微企业和长价值链的区域内。这类企业群体可分为两类：一类是小而美的公司，因准入门槛较高而价值链健全，因利基市场较为细分而规模不大，有一定的竞争力，这类企业以科技型"小巨人"企业或"隐形冠军"企业居多；另一类是个体餐饮店、农业产业化小企业、前店后厂的制造企业、手工作坊等。在推行 OKR 的过程中，这类企业一般采取保守策略：先从研发、销售等部门切入，继而在公司推广。理想的结果是 OKR 取代

KPI，而实际结果可能是一部分部门采用 OKR，另一部分部门采用 KPI，两种管理工具并用。为什么采用这样的推广策略呢？因为这个象限内的企业分化严重，充分竞争的个体店完全没有导入 OKR 的可能性，小而美的公司也要因产业、管理方式而做具体分析。不过，小而美的公司可以结合下一节要讲的企业生命周期，寻找推广应用 OKR 的有效方法。

总的来说，OKR 在不同规模企业中的应用是有其特殊性的，我们在实操的过程中，既要考虑到企业的规模，也要考虑到企业在产业价值链中的位置，从合适的角度切入，以最小的切口发挥 OKR 的效用，促进其更好地发挥推动战略目标达成和激发绩效目标实现的综合效果。

三、OKR 在企业不同发展阶段中的应用差异

前文中无论是不同行业还是不同规模，对比或对标的都是不同的企业。下面我们探讨同一家企业在不同阶段应用 OKR 的差异。

（一）起步阶段的应用。处于起步阶段的企业面临的环境复杂，不确定因素较多，企业的抗风险能力和盈利能力受到很大的挑战，此时 OKR 能够发挥目标动态管理的作用。

在初创阶段，企业的目标更具短期性和波动性，管理者在频繁调整决策时，OKR 就要发挥助力企业应对危机、分析环境、凝聚共

识、矫正过程策略的作用。

要使 OKR 发挥目标管理的作用，企业创始人需要一个接受的过程，其中的"文化松土"环节就显得特别重要。有的企业因地制宜，先将 OKR 和办公会、"民主生活会"等结合起来，让企业管理者看到和感受到 OKR 的工具效能，继而形成制度，将其固化下来。

（二）快速发展阶段。此时，企业的各项管理和运营工作已步入正轨，OKR 在这个阶段可以发挥以下作用。

（1）绩效引导。新兴产业和互联网企业往往呈现出指数级增长态势，发展势头比较迅猛。在这个阶段，如果依然沿用传统的 KPI 模式，往往会阻碍企业的快速发展。例如，某共享汽车企业，第一年仅有数千辆汽车接入，那么第二年的 KPI 目标定多少合适呢？扩大 10 倍，定为 10 万辆。但实际上，第二年有近 400 万辆汽车接入平台。如果第二年的目标定为 10 万辆，是不是反而有碍更多汽车接入平台呢？但是，谁在定第二年的 KPI 的时候敢说自己第二年可以保证有 400 万辆汽车接入平台呢？在这种情况下，OKR 就需要发挥绩效引导作用，在过程层面设定几个关键举措和关键结果，包括：

◇ 后台储存空间扩大 100 倍以满足可能的大数据需求；

◇ 界面友好，用户满意度评分持续在 9.5 分以上（满分 10 分）；

◇ 操作简单，90% 的客户只需要花 30 秒即可完成接单操作；

◇ 杜绝价格歧视；

◇ 安全性及合规性符合法律法规的要求。

（2）目标纠偏。快速增长的企业最容易犯的一个错误就是路径依赖。走一种路径成功的企业，重复走同一路径的概率几乎是100%。在环境已经发生了较大变化的情况下，如果依然坚持走原来的路径，就很容易出现问题。

（三）平台阶段。处于平台阶段是众多企业的常态，种种因素会导致企业处于爬坡乏力或稳定的发展状态。

处于平台阶段的企业对 OKR 的心态是复杂的：有期望，期望OKR 能够带领企业突破瓶颈，实现营收突围和盈利增长；有观望，不少知名企业都有成功经验，所以我也可以试试，万一有用呢。其实这两种心态是相通的，他们都希望寻找一种工具和可能来实现突破。所以，在这种情况下，OKR 需要在以下方面实现突围。

（1）在新业务拓展领域发挥目标管理作用。处于平台阶段的企业多愿意向产业链的上下游延伸，如从制造业向原材料领域延伸，从零售业向加工环节延伸。有的直接涉足相关业务，有的则成立合资公司。这就相当于开拓了一个新领域，像初创企业一样注入新的管理模式是可行的而且是必要的。

（2）在局部单位发挥绩效牵引的作用。在处于平台阶段的企业中，部门与部门之间往往存在"部门墙"，这是"大企业病"的一种典型表现。之所以存在"部门墙"，一个很重要的原因就是每一个职能部门都需要一个相对独立的空间，而这个空间越来越大，在专业和权力上形成了一道壁垒。在这种情况下，OKR 可以在两种情况下发挥绩效牵引的作用：一种是对于较为成熟和专业的职能部门，OKR 可作为推荐工具，适用于部门的重点工作和紧急日常工作；另一种是对于项目、销售、责任制工作室等自由度较大的单位，作为关键结果探讨和跟进的记录工具，定期检讨、适时纠偏，确保工作方向大致正确、过程自下而上、结果基本可控，在发挥专业自由度和保证关键结果之间找到平衡点。

案例：OKR 推行成功也要看时机

C 公司成立于 1992 年，经过多年的发展，目前公司拥有 540 名员工，年营收约 12 亿元，主要负责为家电厂供应塑胶件。C 公司的研、产、销、供应链体系均较为健全，企业研发部门的主要职责是承接大厂订单进行代加工，生产部门主要负责注塑、吸塑、吹塑工艺的加工与制造，销售部门负责市场营销和客户关系管理，供应部门负责采购、物控、供应商质量管理、物流和库存管理。

随着市场竞争越来越激烈，C 公司遇到了一些经营发展的瓶颈，例如，吹塑工艺越来越透明，除精密注塑外的塑件工艺也没有太多的技术壁垒。为了改变这种不利局面，公司管理者曾尝试引入 OKR 管理和流程再造，希望能够提升生产效率。

C 公司在引入 OKR 和流程再造的过程中实施了以下"三步走"策略。

第一步，先在研发部门实施 OKR 和集成研发流程，具体做法是：由研发部部长按照塑胶产品立项区分研发小组，研发小组的组长负责推行 OKR，每个研发小组配备工业设计、成型设计、模具设计和电控设计人员 1～2 人，较大的项目配备项目助理 1 人；集成研发流程由研发部部长亲自设计与监督实施，行政部门人员协助推动。

第二步，选出 OKR 实施标杆项目组，引导员工正确掌握 OKR 的操作技巧；集成研发流程实现规范化、IT 化试运行，财务、人资、行政等相关部门助力提升研发效率；

第三步，研发部以 OKR 取代 KPI 作为考核工具，并将其推广到生产、销售和其他部门，逐步实现以目标为导向、改善经营环境的初衷。

经过 3 个多月的试运行，OKR 与流程再造（集成研发流程）导入均按步骤推进，C 公司借助第三方机构的力量顺利实现了过程纠偏和教练辅导。半年后，C 公司开展复盘，发现实施效果出现了分化，主要表现在如表 5-1 所示的几个方面。

表 5-1　OKR 实施效果

较为显著的效果	未有明显改进的效果	无法判定的效果
• OKR 替代（KPI）率 • 研发团队组织氛围 • 研发项目周期	• 销售额 • 非研发团队流程效率	吹塑工艺市场竞争力

由此可见，C 公司基本没有实现 OKR 推行的初衷，究其原因，主要存在以下两个方面的问题。

（1）C 公司处于企业生命周期中的平台期，即稳定阶段，需要做出一定的突破；

（2）OKR 导入和运作实操缺乏规范性指导，如没有评估环境、导入宣贯、思想松土和明确的目标导向，存在自上而下和"为做而做"的问题。

为了走出困境，企业管理者痛下决心，向某知名咨询公司进行战略咨询，专家建议采用 OKR 的管理方式在塑胶领域进行探索创新。这个建议遭到了公司不少干部和员工的反对，因为公司之前推行 OKR 并未取得明显的效果。

经过谨慎研究，公司管理者还是采纳了专家的建议，并成立了几个塑胶件研发项目组，试行 OKR 目标管理方法，具体要求是：

（1）每个项目组配备项目负责人、技术员、项目助理；

（2）项目封闭运作，各项目组之间不强制信息互通、步伐同步；

（3）项目负责人对结果负责，但对成员并不强制考核 KPI 指标；

（4）咨询专家转型 OKR 教练，规范辅导导入及过程推动事宜。

经过 3 个多月的背水一战，两个项目组分别研发成功了暖手宝、智能终端塑胶壳产品，推向市场后取得了很好的销售业绩。

截至 2022 年，C 公司暖手宝等相关产品的市场占有率已在细分领域排名第一。

之所以 C 公司第二次推行 OKR 时才取得成功，一方面是 C 公司在新技术研发领域或企业生命周期的新业务开发阶段实施了 OKR，另一方面是 OKR 的实施过程得到了较为规范的指导与推动。

（四）衰退阶段。随着高铁网络的日渐密集和私家车的普及，公路客运市场逐步萎缩，传统客车制造企业（非新能源产品）逐渐进入行业衰退期。根据近三年的年报，宇通、金龙、金旅等客车制造企业无论是营收还是盈利都呈现出明显的下滑态势，少林客车直接破产清算，行业前景不甚乐观。处于衰退阶段的企业，其危机感和求生欲都比较强，但始终难以改变"蛋糕"日趋萎缩的现状。在这类性质的企业中，OKR 只能在助力转型和降低成本上发挥作用。

1. 助力转型。处于衰退阶段的企业，转型是其必然选择和必由之路。有的企业就在 OKR 的帮助下找到了成功之路。

A 公司是一家农用机械制造企业，在 2010 年靠着小麦联合收割机这个主打产品站稳了市场，但在 2010 年特别是 2015 年之后，联合收割机市场趋于饱和，新增购机数量呈断崖式下滑，企业产能利用率不足 50%，新引进设备稼动率更低，企业在 2016 年之后营收和盈利逐年下滑，盈利空间压缩得很厉害。面对这样的困境，企业尝试了多种方式，如高管研讨、引入咨询公司、基层员工献计献策，历经 1 年的探索，终于明确了一个目标和多项关键举措，这里简要列举如下。

一个目标：依托联合收割机市场存量进行服务增值，里程碑目标是 3 年内努力实现增值服务营收占比不低于传统的收割机产品营销的 50%。

关键举措：

◇ 考察不少于 5 家标杆工业互联网企业，梳理可供借鉴的成熟建议；

◇ 与车载传感器企业商洽并达成战略合作，实现联合收割机传感器的有效布局；

◇ 建立中控平台和数据中心；

◇ 建立网络中心，实现中控平台与个体收割机数据连接；

◇ 探伤、远程技术指导、麦收进度咨询、麦收市场接单等模块试运行。

经过以上举措和阶段性成果的达成，A 公司已经在工业互联网检测设备运维、指导消费者简易快修、推荐麦收订单和快捷导航等方面做出突破，实现了服务增值的目标，成功转型并开拓出了新的利润空间。

2. 降低成本。在衰退阶段，降成本是企业永恒的主题。降成本包括降"三费"（即管理费用、销售费用和财务费用），也包括降人工成本、采购成本、生产成本、设备成本等。一般情况下，严格的 KPI 考核是可以发挥降成本指挥棒作用的，但对于以下领域，OKR 也可以发挥其独特的价值。

运营。销售标杆的遴选和降本经验的总结，即集思广益、自下而上执行优化成本管控的先进方法和典型，并在全公司推广复制成功经验。

独立试验线的运营。某个部门先行先试，应用 OKR 目标管理方式积累经验。

设定非线性的颈部指标。在报废、折旧、技术革新等环节设置有挑战性的降本指标，如果一些指标无法进行结果量化，就明确过程关键举措和结果，这样也有利于激发创新。

总的来说，OKR 在企业不同的发展阶段可以发挥其应用价值，但对于处在平台阶段和衰退阶段的企业来说，管理者要综合考虑企业行业性质、规模等因素，发挥 OKR 的最大效能。

References ／ 参考文献

1. ［美］克里斯蒂娜·沃特克. OKR 工作法［M］. 明道团队，译. 北京：中信出版社，2017.

2. ［美］彼得·德鲁克. 管理的实践［M］. 齐若兰，译. 北京：机械工业出版社，2018.

3. ［美］伊查克·爱迪思. 企业生命周期［M］. 王玥，译. 北京：中国人民大学出版社，2017.

4. ［日］齐藤显一，［日］竹内里子. 麦肯锡图表工作法［M］. 金磊，译. 北京：中国友谊出版社，2017.